Suroso S.Pd. ,MT

La planification des politiques pour le développement des gouvernements locaux

Suroso S.Pd. ,MT

La planification des politiques pour le développement des gouvernements locaux

ScienciaScripts

LA PLANIFICATION DE LA POLITIQUE DU GOUVERNEMENT LOCAL POUR UNE BUDGÉTISATION ADÉQUATE DE L'ÉDUCATION DE BASE

SUROSO[1]
Conseil de planification du développement régional
Pati Regency, Central Java, Indonésie
Courriel : surosopati321@gmail.com

RÉSUMÉ

La planification de la politique du gouvernement local pour une budgétisation adéquate de l'éducation de base est très importante pour soutenir la mise en œuvre de la politique d'apprentissage obligatoire de l'éducation de base. Les objectifs de la recherche sont : (1) de développer le modèle de planification de la politique pour une budgétisation adéquate des écoles élémentaires ; et (2) de développer le modèle de planification de la politique pour une budgétisation adéquate des écoles secondaires de premier cycle. Cette recherche utilise une approche descriptive et quantitative. Les données de la recherche se composent de données primaires et secondaires. La collecte des données est effectuée par l'observation et l'entretien. L'analyse des données utilise une approche descriptive. Il y a trois résultats principaux. Premièrement, la planification politique du gouvernement local pour une budgétisation adéquate de l'éducation de base incorpore l'indice local, le taux d'inflation et le coût de base, la valeur standard qui est déterminée par la loi. Deuxièmement, la budgétisation adéquate de l'éducation de base s'améliorera chaque année en raison de l'inflation annuelle. Troisièmement, différents gouvernements locaux peuvent avoir une budgétisation adéquate de l'éducation de base différente en raison de l'utilisation d'indices locaux différents. Par conséquent, le planificateur de la budgétisation adéquate de l'éducation de base doit préparer la planification politique pour une décision politique annuelle dans la budgétisation.

Mots clés : *budgétisation adéquate, éducation de base, planification des politiques.*

ABSTRAKS

Le modèle de gestion des ressources humaines de l'administration publique, qui permet d'assurer la gestion des ressources humaines de l'administration publique, est très utile pour la mise en œuvre de la gestion des ressources humaines de l'administration publique. Les objectifs de ce projet sont les suivants : (1) définir un modèle de gestion des ressources humaines pour la gestion des ressources humaines dans les écoles secondaires ; et (2) définir un modèle de gestion des ressources humaines pour la gestion des ressources humaines dans les écoles secondaires privées. Cette étude a pour but d'établir un équilibre entre la théorie et la pratique. L'analyse des données permet d'obtenir des données de base et des données de référence. L'utilisation des données est facilitée par l'utilisation des techniques d'observation et d'analyse. La technique d'analyse des données permet de réaliser une analyse documentaire. Il y a 3 thèmes principaux dans le cadre du projet. Dans un premier temps, le rôle de l'administration publique dans la mise en place d'un système de gestion de la santé publique consiste à s'assurer que les indicateurs locaux de santé publique, les indicateurs d'inflation et les indicateurs de santé publique, ainsi que les normes de santé publique, sont respectés. Kedua, kecukupan anggaran pendidikan dasar akan meningkat setiap tahun karena faktor inflasi tahunan. En fait, les personnes concernées par le problème ont besoin de savoir si elles ont accès à l'aide à l'emploi ou si elles ont accès à l'information sur le marché local. Oleh karena itu, perencana kecukupan biaya pendidikan dasar sebaiknya menyiapkan perencanaan kebijakan untuk keputusan kebijakan dalampenganggaran tersebut.

***Kata Kunci : gestion des ressources** humaines, formation professionnelle et formation continue.*

---

[1] Chercheur au Conseil de la planification du développement régional, Pati Regency.

INTRODUCTION

Dans le monde, 200 millions d'enfants n'ont pas terminé l'école primaire, et beaucoup de ceux qui commencent à aller à l'école l'abandonnent prématurément, à la fois en raison de la mauvaise qualité de l'enseignement et aussi de facteurs liés au ménage, comme la pauvreté (UNESCO, 2012). Des analyses récentes montrent que les efforts déployés pour donner accès à une éducation de base à tous les enfants et les jeunes sont en péril. Dans le monde, il y a encore 57 millions d'enfants qui ne vont pas à l'école primaire, en grande partie issus de populations marginalisées comme les garçons - mais surtout les filles - qui sont touchés par les conflits armés, l'extrême pauvreté et le handicap (UNESCO 2013). Récemment, les engagements internationaux en faveur de l'éducation pour tous (EPT) et les objectifs du Millénaire pour le développement (OMD) ont donné lieu à des efforts importants, principalement par la réduction des coûts directs pour les parents, afin d'augmenter la scolarisation dans le primaire. Les pays en développement et leurs partenaires ont accru leurs efforts pour améliorer l'utilisation efficace et adéquate des fonds publics (Kiprono et al, 2015).

L'éducation pour tous (EPT) devient une priorité de développement au niveau international. L'éducation pour tous comporte six objectifs : (1) développer et améliorer sous tous leurs aspects la protection et l'éducation de la petite enfance, et notamment des enfants les plus vulnérables et défavorisés ; (2) faire en sorte que d'ici 2015 tous les enfants, notamment les filles, les enfants en difficulté et ceux appartenant à des minorités ethniques, aient la possibilité d'accéder à un enseignement primaire obligatoire et gratuit de qualité et de le suivre jusqu'à son terme ; (3) répondre aux besoins éducatifs de tous les jeunes et de tous les adultes en assurant un accès équitable à des programmes adéquats ayant pour objet l'acquisition de connaissances ainsi que de compétences nécessaires dans la vie courante ; (4) améliorer de 50 % les niveaux d'alphabétisation des adultes, et notamment des femmes, d'ici à 2015, et assurer à tous les adultes un accès équitable aux programmes d'éducation de base et d'éducation permanente ; (5) éliminer les disparités entre les sexes dans l'enseignement primaire et secondaire d'ici à 2005 et instaurer l'égalité dans ce domaine en 2015 en veillant notamment à assurer aux filles un accès équitable et sans restriction à une éducation de base de qualité avec les mêmes chances de réussite ; et (6) améliorer sous tous ses aspects la qualité de l'éducation et garantir son excellence de façon à obtenir pour tous des résultats d'apprentissage reconnus et quantifiables, notamment en ce qui concerne la lecture, l'écriture, le calcul et les compétences indispensables dans la vie courante (UNESCO, 2014). L'éducation pour tous (EPT) ou " éducation de base " devient la priorité de développement au niveau mondial.

Développement prioritaire de l'éducation de base

Il est largement reconnu que l'éducation doit être une priorité mondiale. La réalisation de l'éducation primaire universelle, le deuxième OMD, est souvent identifiée comme l'un des domaines où des progrès ont été accomplis, même si, avec 57 millions d'enfants encore non scolarisés, un travail substantiel reste à faire (ONU, 2013).

Pour atteindre les objectifs du Millénaire pour le développement (OMD) en matière d'éducation de base universelle (EBU) ou d'éducation pour tous (EPT), il faut que tous les enfants entrent à l'école primaire, achèvent le cycle et acquièrent un ensemble de compétences de base. Bien que les taux d'accès se soient améliorés au cours de la dernière décennie, l'accès équitable reste un problème. L'accès diffère considérablement selon le revenu familial, l'emplacement urbain/rural et le sexe. L'un des principaux obstacles à la réalisation de l'OMD relatif à l'éducation est le coût élevé de l'éducation pour les parents, en particulier pour les ménages les plus pauvres. Les frais d'utilisation restent courants dans de nombreux pays dont la constitution prévoit la gratuité de l'enseignement. Alors que les pays cherchent des moyens d'accroître l'accès à l'éducation, l'élimination ou la réduction des frais est une politique naturelle à envisager. Il existe une demande continue de la part des pays clients pour des conseils sur la mise en œuvre de l'éducation primaire gratuite (Kattan, 2006).

L'éducation pour tous (EPT) de l'éducation de base en Indonésie est mise en œuvre en utilisant le règlement de l'apprentissage obligatoire pour l'éducation de base (PP No 47, 2008). La mise en œuvre de la réglementation de la politique de l'apprentissage obligatoire pour l'éducation de base se heurte parfois à des obstacles liés à la politique de budgétisation adéquate de l'éducation de base. D'une part, les exécutifs proposent d'augmenter le financement de la budgétisation adéquate de l'éducation de base. D'un autre côté, le parlement local (DPRD) demande une budgétisation adéquate basée sur une analyse correcte des besoins. Lorsque l'institution concernée, en particulier les autorités chargées de l'éducation, n'a pas de planificateur compétent, la planification de la politique du gouvernement local pour une budgétisation adéquate de l'éducation de base peut être compromise. Le processus budgétaire peut être complexe.

Le processus budgétaire est mis en œuvre dans tout environnement où les ressources doivent être réparties entre de nombreux demandeurs. La budgétisation est un processus de transformation des ressources financières en services à des fins humaines. Les ressources sont limitées, mais les désirs humains ne le sont pas. Il faut donc trouver un moyen de répartir les ressources disponibles entre des services concurrents. Le budget sert divers objectifs, et derrière chaque budget gouvernemental, qui prélève nécessairement des recettes auprès de certains citoyens pour les distribuer à d'autres, se cachent des conflits. Un budget peut donc être considéré comme un compte rendu des victoires, des défaites, des négociations et des compromis sur les allocations passées, comme en témoignent les éléments inclus et exclus. Il s'agit également d'une déclaration sur l'avenir. Il tente de lier les dépenses proposées à des événements futurs souhaitables. Un budget doit donc être constitué de plans. Il doit essayer de déterminer les états futurs des affaires par une série d'actions actuelles. Par conséquent, les budgets sont également des prédictions (UNESCO, 2009).

La réalisation de l'éducation pour tous et de l'éducation de base universelle nécessite une budgétisation adéquate du financement public. Ces dernières années, le financement public de l'éducation a été une priorité pour les gouvernements des pays en développement pendant plusieurs décennies. Cela s'explique par le fait que l'éducation est perçue dans les sociétés modernes comme un pilier important du développement socio-économique.

Cependant, le secteur de l'éducation a dû faire face à une concurrence plus forte de la part d'autres secteurs cherchant également à obtenir un soutien financier de la part du gouvernement. Étant donné les ressources limitées que les gouvernements peuvent générer à partir des impôts et d'autres sources de revenus, il y a eu une forte pression pour améliorer la façon dont les revenus sont alloués entre les différents secteurs, ce qui a conduit à des efforts plus importants pour améliorer la politique de dépenses publiques. Le budget est le moyen par lequel les gouvernements, en général, allouent les ressources à l'éducation, et donc toute amélioration de la gestion de ces ressources nécessitera une amélioration des processus budgétaires gouvernementaux (Diamond, 2006).

Planification des politiques publiques pour la budgétisation de l'éducation de base

"L'éducation de base est l'éducation sous forme d'école élémentaire (SD), de madrasah ibtidaiyah (MI) ou d'autres formes équivalentes, ainsi que d'école secondaire de premier cycle (SMP) et de madrasah tsanawiyah (MTs) ou d'autres formes équivalentes (UU No 20, 2003). Pour garantir l'éducation de base pour tous en Indonésie, le gouvernement établit une politique publique d'apprentissage obligatoire pour l'éducation de base (PP No 47, 2008).

Selon Nugroho (2006), la "politique publique" est tout ce qui est fait par les gouvernements en respectant les raisons pour lesquelles ils le font et ce qui a un impact sur l'amélioration de la vie. La mise en œuvre de la politique publique d'apprentissage obligatoire pour l'éducation de base nécessite un budget adéquat.

Un budget est défini en termes généraux comme un état des recettes et des dépenses estimées d'un pays, d'une organisation ou d'un individu sur une période future donnée. Dans le cas des processus et procédures budgétaires au niveau gouvernemental, la notion de budget est plus précise et a une plus grande signification juridique. Un budget public peut donc être défini comme : un acte selon lequel les recettes et les dépenses annuelles futures du gouvernement sont estimées et autorisées. Le budget d'un gouvernement est un état des prévisions de recettes et de dépenses. Le budget ne correspond pas à l'enregistrement des recettes et des dépenses passées ; il tente d'estimer ce que sera la situation de l'année à venir. Par conséquent, la préparation du budget nécessite une évaluation technique des recettes et des dépenses futures, l'adoption de décisions politiques et la formulation d'hypothèses. Le budget est établi pour une période déterminée, généralement un an. Il peut s'agir de l'année civile ou de toute autre date (UNESCO, 2008).

En ce qui concerne la politique de budgétisation pour l'éducation de base en Indonésie, le ministère de l'éducation établit le règlement pour la norme de budgétisation non personnelle. Il s'agit du règlement appelé Règlement ministériel de l'éducation nationale n° 69, 2009 (Permendiknas) qui régit la norme de budgétisation non personnelle et ses variantes d'indices locaux pour les gouvernements locaux dans tout le pays. La budgétisation est la norme de coût qui est nécessaire pour couvrir les activités opérationnelles des programmes (à l'exclusion des salaires) pour une année dans le terme de l'éducation pour la durabilité de la scolarisation de gérer les activités éducatives en douceur et d'atteindre l'éducation nasional standard (SNP).

Sur la base du règlement ci-dessus, les coûts opérationnels pour l'éducation de base sont les suivants : (1) le coût opérationnel pour une école élémentaire avec 6 classes et chaque classe comprenant 28 élèves, à savoir : 97.440.000 Rupiahs par école, 16.240.000 Rupiahs par classe et 580.000 Rupiahs par étudiant pour une année ; et (2) le coût opérationnel pour l'école secondaire de premier cycle avec 6 classes et chaque classe comprenant 32 étudiants à savoir : 136.320.000 Rupiahs par école, 22.720.000 Rupiahs par classe et 710.000 Rupiahs par étudiant pour une année. Il faut garder à l'esprit que le budget standard est adapté au gouvernement local de Jakarta (DKI) 2009.

Pour mettre en œuvre le coût standard de l'éducation de base pour les gouvernements locaux dans le pays (Indonésie) devrait être adapté à l'indice local et incorporer un taux d'inflation au fil des ans de sorte qu'une budgétisation annuelle adéquate pour l'éducation de base nécessite une planification appropriée. La planification est une forme de prise de décision par des individus et des organisations qui implique généralement des situations plus complexes, un délai plus long pour les actions et les résultats, et une réflexion plus préalable sur les choix alternatifs et leurs conséquences. La planification par les organisations implique également un cadre pour la mise en œuvre (Abbott, 2005). En ce qui concerne la politique budgétaire, le département du développement humain de la Banque mondiale a lancé une initiative appelée System Assessment and Benchmarking for Education Results (SABER). Il s'agit d'acquérir une compréhension plus approfondie des dispositions de financement et de gouvernance qui sont utilisées pour créer et maintenir les conditions nécessaires à l'apprentissage des élèves dans l'éducation de base. SABER cherche à documenter et à évaluer les caractéristiques des systèmes, des politiques et des programmes de financement des écoles dans les systèmes éducatifs du monde entier, et à rendre ces informations et ces analyses largement accessibles au personnel de la Banque mondiale, aux décideurs et aux chercheurs. Les systèmes de financement des écoles et les politiques éducatives doivent améliorer l'*"adéquation"* (Vegas, 2011).

Les systèmes de financement de l'éducation doivent fournir des ressources adéquates pour garantir que tous les élèves ont la possibilité de recevoir une éducation de base de haute qualité. Le niveau des ressources financières est important pour s'assurer que les étudiants ont accès à un standard minimum de ressources et de matériels. Des études basées sur des données transnationales issues d'évaluations internationales montrent une relation faible, voire nulle, entre les dépenses globales d'éducation et l'apprentissage des étudiants, même en contrôlant les facteurs familiaux et scolaires (Hanushek et Kimko 2000). Il incombe à chaque pays de définir une éducation adéquate, compte tenu de ses objectifs de développement et des ressources disponibles, et de déterminer le montant dont chaque école aurait besoin pour atteindre ce niveau de réussite, tel que mesuré par les résultats des élèves (Reschovsky 2009).

La relation précise entre les dépenses d'éducation et les résultats est compliquée à estimer, il est difficile de tenir compte de la qualité des enseignants et des caractéristiques des élèves (Rice et Schwartz 2008). on s'accorde à dire qu'au-delà d'un certain seuil, la manière dont les fonds d'éducation sont dépensés est plus importante que le montant dépensé. La budgétisation basée sur l'adéquation alloue les fonds en fonction des coûts estimés pour atteindre des résultats prédéterminés établis sur une base nationale par la constitution, le corps législatif ou un ordre exécutif.

En bref, la planification de la politique de budgétisation adéquate de l'éducation de base peut être une question complexe pour les gouvernements locaux en Indonésie. Par conséquent, cette étude vise à développer le modèle d'une politique de planification pour la budgétisation adéquate des écoles élémentaires et des écoles secondaires de premier cycle qui peut être utilisé par les gouvernements locaux. Les écoles élémentaires et les écoles secondaires de premier cycle sont souvent appelées "éducation de base", qui devient une priorité de développement au niveau mondial.

LA MÉTHODE DE RECHERCHE

La recherche a été menée à Pati Regency, Central Java, Indonésie, et utilise une approche descriptive-quantitative. Les données de la recherche se composent de données primaires et secondaires. La collecte des données est effectuée par l'observation et l'entretien. Les ressources de données consistent en des documents, des événements sur le terrain et des personnes-ressources. L'analyse des données est descriptive. L'analyse de la budgétisation adéquate (AB) de l'éducation de base comprend 4 facteurs. Premièrement, le coût de base (CB), c'est la valeur basée sur les lois. Deuxièmement, il s'agit d'un indice (f). ft est l'indice local de la régence qui est déterminé par la loi. Troisièmement, il s'agit du temps se référant à l'année n (n) depuis la légalisation de la loi. Quatrièmement, il s'agit du taux d'inflation (r) faisant référence à l'inflation annuelle moyenne dans le pays ou la région locale. En incorporant les facteurs, l'analyse pour une budgétisation adéquate utilise la formule suivante :

AB = (BC x I) + (BC x rn)   AB= budgétisation adéquate
BC = coût de base (coût basé sur la loi)
1 = indice local basé sur la loi r. = taux d'inflation (6 %) n. = temps (n sur année)

En ce qui concerne les coûts de base mentionnés précédemment, les coûts de fonctionnement d'une école élémentaire de 6 classes, chacune comprenant 28 élèves, sont les suivants : (a) 97 440 000 roupies par école ; (b) 16 240 000 roupies par classe ; et (c) 580 000 roupies par élève pendant un an. Le coût de fonctionnement d'une école secondaire de premier cycle avec 6 classes et chaque classe comprenant 32 élèves est de : (a) 136.320.000 Rupiahs par école ; (b) 22.720.000 Rupiahs par classe ; et (c) 710.000 Rupiahs par élève pour une année. L'analyse de la budgétisation adéquate de l'éducation de base dans cette recherche utilise les valeurs par élève. Elle est adaptée à la politique nationale de financement du fonctionnement des écoles (BOS).

RÉSULTATS ET DISCUSSION

L'analyse d'une budgétisation adéquate pour l'école primaire

L'analyse d'une budgétisation adéquate doit intégrer trois facteurs de base et un facteur local. Les trois facteurs de base sont les suivants : (1) le coût de base (BC), le coût basé sur la loi utilisant la norme dans l'ICD ; (2) le taux d'inflation (r) est considéré comme étant d'environ 6 % par an ; et (3) le temps se réfère à combien d'années (n) est la différence entre l'année de la loi légalisée et l'année actuelle. En outre, l'analyse de la budgétisation adéquate devrait incorporer l'indice local par rapport au coût de base.

L'analyse de la budgétisation adéquate de l'école primaire de Pati Regency en 2015, par exemple, intègre quatre facteurs déterminants : (1) le coût de base (BC) pour l'école élémentaire est de Rp.580.000 par étudiant ; (2) le temps se réfère à combien d'années de différence entre l'année de la loi légalisée (2009) et l'année actuelle (2015) est de 6 ans (n) ; (3) le taux d'inflation (r) est considéré comme environ 6 % par an de sorte que le taux d'inflation de 2009 à 2015 est de 36 % qui viennent de 6 % x 6 ans ; et (4) l'indice local (I) de Pati Regency est de 0,903 de l'indice dans DKI. Il s'agit de l'indice basé sur la loi (Permendiknas No 69, 2009).

Sur la base des valeurs ci-dessus, la planification de la politique de budgétisation adéquate de l'école élémentaire dans Pati Regency peut être calculée. Le budget adéquat de l'école élémentaire de Pati Regency en 2015 est de 712.300 rupiahs, comme le montre le tableau suivant.

Tableau 1. La budgétisation adéquate de l'école élémentaire de Pati Regency

Valeur de l'année		Coût par étudiant (Permendiknas 69, 2009)			Indice local de Pati Regency (I = 0,903)		
N	(n)	BC (standard)	r(%)	Total	standard	r(%)	Total
2009	0	580000	0	580000	523750	0	523750
2010	1	580000	6	614800	523750	6	555175
2011	2	580000	12	649600	523750	12	586600
2012	3	580000	18	684400	523750	18	618025
2013	4	580000	24	719200	523750	24	649450
2014	5	580000	30	754000	523750	30	680875
2015	**6**	**580000**	**36**	**788800**	**523750**	**36**	**712300**
2016	**7**	**580000**	**42**	**823600**	**523750**	**42**	**743725**
2017	8	580000	48	858400	523750	48	775150

Le budget adéquat de l'école primaire de Pati Regency en 2015 est de 712.300 rupiahs et il devient 775.150 rupiahs en 2016. Le budget adéquat de l'école élémentaire de Pati Regency change de temps en temps en fonction des facteurs de temps (année n) et du taux d'inflation (r).

L'adoption du modèle politique de budgétisation des écoles élémentaires

Le modèle de planification de la politique de budgétisation adéquate de l'école primaire peut être adopté par d'autres collectivités locales. L'analyse de la budgétisation adéquate doit intégrer trois facteurs de base et un facteur local. Un seul facteur qui doit être adapté au contexte local, à savoir l'indice local du gouvernement local de la régence. Sur la base de la même loi (Permendiknas No 69, 2009), certains gouvernements locaux par exemple, l'indice de Banyumas Regency est de 0,911. L'indice de la régence de Purworejo est de 0,901. L'indice de Garut Regency est de 0,908. Les gouvernements locaux peuvent adopter le modèle de planification de la politique pour une budgétisation adéquate de l'école élémentaire pour leur propre gouvernement local, comme le montre le tableau suivant.

Tableau 2 La politique d'adoption de la budgétisation des écoles élémentaires dans certaines régences en 2016.

Non	Facteurs	Standard Index (DKI)	Index des gouvernements locaux			
			Pati (0,903)	Banyumas (0,911)	Purworejo (0,901)	Garut (0,908)
1	Coût de base (rupiahs)	580.000	523.740	528.380	522.580	526.640
2	Temps 2009-2016 (n année)	7	7	7	7	7
3	Taux d'inflation (%) par an	6	6	6	6	6
4	Inflation 2009-2016 (%)	42%	42%	42%	42%	42%
5	Valeur de 42 %.	243.600	219.971	221.920	219.484	221.189
	Budgétisation adéquate	823.600	743.711	750.300	742.064	747.829
	Budget d'arrondissement 2016	823.600	743725	750.300	742.100	747.850

Le modèle de planification politique pour une budgétisation adéquate de l'école primaire peut être adopté par d'autres gouvernements locaux. Banyumas, par exemple, a un indice local de 0,911. Cet indice est déterminé par la loi (Permendiknas n° 69, 2009). En ayant un indice 0,911 basé sur la loi, lorsque le budget adéquat pour l'école élémentaire dans le DKI est de 580.000 rupiahs en 2009, le budget adéquat pour l'école élémentaire à Banyumas est de 528.380 rupiahs. Sept ans plus tard (2016), en ayant un indice de 0,911, lorsque le budget adéquat pour l'école élémentaire dans le DKI est de 823.600 rupiahs, le budget adéquat pour l'école élémentaire à Banyumas est de 750.300 rupiahs. Les autres gouvernements locaux ont une manière similaire de gérer la planification de la politique de budgétisation adéquate de l'école élémentaire.

La responsabilité des collectivités locales dans la budgétisation des écoles élémentaires

Au niveau national, il existe une disparité entre la norme de budgétisation adéquate pour l'école élémentaire et le financement opérationnel des écoles (BOS) en 2009. La norme de budgétisation adéquate pour l'école élémentaire est de 580.000 roupies par élève alors que le financement opérationnel de l'école (BOS) est de 397.000 roupies. Cette disparité existe depuis quelques années pour des raisons diverses. Le problème de la disparité entre la norme de budgétisation adéquate pour l'école primaire et le financement opérationnel de l'école (BOS) nécessite une solution locale pour surmonter le problème. L'une des solutions consiste à élaborer une politique de planification pour une budgétisation adéquate de l'école élémentaire. La responsabilité d'un gouvernement local est de fournir le manque de financement pour la budgétisation de l'école élémentaire.

Pour assumer la responsabilité du financement de l'école élémentaire, le gouvernement local devrait envisager : (1) le financement du fonctionnement de l'école (BOS) à partir de la budgétisation nationale (APBN) ; (2) le financement du fonctionnement de l'école par la province ; (3) le financement précédent de l'école élémentaire dans la régence ; et (4) la budgétisation adéquate de l'école élémentaire. Le financement opérationnel total du BOS, de la province et du financement précédent de la régence est comparé à la budgétisation adéquate de l'école élémentaire. Si le total des fonds fournis est inférieur à la budgétisation adéquate de l'école primaire, cela signifie que le gouvernement local de la régence doit fournir davantage de fonds pour combler le manque de financement de l'école primaire.

Dans la régence de Pati en 2015 par exemple, le financement opérationnel de l'école (BOS) provenant de la budgétisation nationale (APBN) pour l'école élémentaire est de 580.000 rupiahs par élève. Le financement du fonctionnement des écoles par la province est de 30 000 roupies par élève. Le financement de l'école élémentaire dans la régence en 2015 est de 43.000 rupiahs par élève. Le financement opérationnel total du BOS, de la province et du financement précédent de la régence est de 653.000 rupiahs par élève de l'école élémentaire. D'autre part, le budget adéquat pour l'école élémentaire dans la régence est de 712.300 roupies par élève, donc le manque est de 59.300 roupies par élève pour le financement opérationnel de l'école élémentaire. Le manque de financement opérationnel pour l'école élémentaire dans la régence de Pati est montré dans le tableau suivant.

Tabel 3. Manque de financement opérationnel pour les écoles primaires de Pati Regency

| Année | Financement opérationnel de l'école élémentaire | | | | Financement adéquat | |
	BOS (APBN)	Province (APBD I)	Regency (APBD II)	Financem ent total	Financement à Pati (I = 0.903)	Manque (Gap)
2009	397.000	30.000	30.000	457.000	523.750	66.750
2010	397.000	30.000	30.000	457.000	555.175	98.175
2011	397.000	30.000	32.500	459.500	586.600	127.100
2012	580.000	30.000	32.000	642.000	618.025	-23.975
2013	580.000	30.000	43.000	653.000	649.450	-3.550
2014	580.000	30.000	43.000	653.000	680.875	27.875
2015	580.000	30.000	43.000	653.000	712.300	59.300
2016	580.000	30.000	43.000	653.000	743.725	90.725

Normalement, le manque de financement opérationnel de l'école élémentaire devrait être fourni par le gouvernement local. En 2016, le gouvernement local de Pati Regency devrait améliorer le financement opérationnel de l'école élémentaire. Lorsque le financement opérationnel total du BOS, de la province et du financement précédent de la régence est de 653.000 roupies par étudiant et que le budget adéquat pour l'école élémentaire dans la régence est de 743.725 roupies par étudiant, le manque est de 90.725 roupies par étudiant pour le financement opérationnel de l'école élémentaire. Il est de la responsabilité du gouvernement local de soutenir la mise en œuvre de la politique d'apprentissage obligatoire pour l'éducation de base qui est mandatée par les lois en Indonésie.

L'analyse de la budgétisation adéquate pour l'école secondaire de premier cycle

La planification de la politique de budgétisation adéquate du collège doit intégrer trois facteurs de base et un facteur local. Les trois facteurs de base sont : (1) le coût de base (CB), le coût basé sur la loi ; (2) le taux d'inflation annuel (r) ; et (3) le temps se référant à différentes années (n) entre l'année de la loi légalisée et l'année actuelle. En outre, l'analyse de la budgétisation adéquate doit intégrer l'indice local par rapport au coût de base standard.

Pour analyser la budgétisation adéquate de l'école secondaire de Pati Regency en 2015, par exemple, le coût de base (BC) pour l'école secondaire de premier cycle est de 710.000 par étudiant. Le temps se réfère à la différence en nombre d'années entre l'année de la légalisation de la loi (2009) et l'année actuelle (2015), soit 5 (n). Le taux d'inflation (r) est considéré comme étant de 6 % par an. Le taux d'inflation de 2009 à 2016 est donc de 36 %, soit 6 % x 6 ans. L'indice local (I) de Pati Regency est de 0,903 par rapport à l'indice de la DKI (standard). C'est l'indice basé sur la loi (Permendiknas No 69, 2009). Basé sur les valeurs ci-dessus la planification de politique pour la budgétisation appropriée de l'école secondaire junior dans la régence de Pati peut être gérée et arrangée qui est montrée dans le tableau suivant.

Tableau 4 La budgétisation adéquate de l'école secondaire de premier cycle dans la région de Pati.

Tahun		Coût par étudiant (Permendiknas 69, 2009)			Indice local de Pati Regency (I = 0,903)		
	n	BC (standard)	r(%)	Total	Coût	r(%)	Jumlah
2009	0	710.000	0	710.000	641.130		0 641.130
2010	1	710.000	6	752.600	641.130		6 679.598
2011	2	710.000	12	795.200	641.130	12	718.066
2012	3	710.000	18	837.800	641.130	18	756.533
2013	4	710.000	24	880.400	641.130	24	795.001
2014	5	710.000	30	923.000	641.130	30	833.469
2015	**6**	**710.000**	**36**	**965.600**	**641.130**	**36**	**871.937**
2016	**7**	**710.000**	**42**	**1.008.200**	**641.130**	**42**	**910.405**
2017	8	710.000	48	1.050.800	641.130	48	948.872

Le budget adéquat du collège de Pati Regency en 2015 **est de 871.937** rupiahs par élève et il devient **910.405** rupiahs par élève en 2016. Le budget adéquat du collège de Pati Regency change de temps en temps en fonction des facteurs de temps (année n) et du taux d'inflation (r).

L'adoption du modèle politique de budgétisation des écoles secondaires de premier cycle

Le modèle de planification de la politique de budgétisation adéquate des collèges peut être adopté par d'autres collectivités locales. La planification de la politique de budgétisation adéquate du collège doit intégrer trois facteurs de base et un facteur local. L'adoption se fait en fonction d'un contexte local, à savoir l'indice local du gouvernement local de la régence. Sur la base de la loi nationale, dans la régence de Banyumas par exemple, l'indice est de 0,911. L'indice de Purworejo Regency est de 0,901. L'indice de la régence de Garut est de 0,908. Ces gouvernements locaux peuvent adopter le modèle de la politique de planification pour une budgétisation adéquate des écoles secondaires de premier cycle pour leur propre contexte local, comme le montre le tableau suivant.

Tableau 5 La politique d'adoption du budget des écoles secondaires de premier cycle dans certaines régences en 2016.

Non	Facteurs	Indice standard (DKI)	Index des gouvernements locaux			
			Pati (0,903)	Banyumas (0,911)	Purworejo (0,901)	Garut (0,908)
1	Coût de base (rupiahs)	710.000	641.130	646.810	639.710	644.680
2	Temps 2009-2016 (n année)	7	7	7	7	7
3	Taux d'inflation (%) par an	6	6	6	6	6
4	Inflation 2009-2016 (%)	42%	42%	42%	42%	42%
5	Valeur de 42 %.	298.200	269.275	271.660	268.678	270.766
	Budgétisation adéquate	1.008.200	910.405	918.470	908.388	915.446
	Budget d'arrondissement 2016	1.008.200	910.400	918.470	908.390	915.450

Le modèle de planification politique pour une budgétisation adéquate de l'école secondaire de premier cycle peut être

adopté par d'autres gouvernements locaux. Purworejo, par exemple, a un indice local de 0,908. Cet indice est déterminé par la loi nationale (Permendiknas n° 69, 2009). En ayant un indice 0,908 basé sur la loi, lorsque le budget adéquat pour le collège dans le DKI est de 710.000 rupiahs en 2009, le budget adéquat pour le collège à Purworejo est de 639.710 rupiahs par étudiant. Sept ans plus tard (2016), en ayant un indice de 0,908, lorsque le budget adéquat pour le collège de DKI est de **1.008.200** rupiahs, le budget adéquat pour le collège de Purworejo est de **908.390** rupiahs par élève. Les autres collectivités locales ont une manière similaire de gérer la planification de la politique de budgétisation adéquate des collèges.

La responsabilité des collectivités locales dans l'établissement du budget des écoles secondaires de premier cycle

Au niveau national, il existe une disparité entre la norme de budgétisation adéquate pour le collège et le financement opérationnel de l'école (BOS) en 2009. La norme de budgétisation adéquate pour l'école élémentaire est de 710 000 rupiahs par élève alors que le financement opérationnel de l'école (BOS) est de 570 000 rupiahs (Département de l'éducation, 2015). La disparité a eu lieu dans la plupart des gouvernements locaux depuis quelques années.

La disparité entre la norme de budgétisation adéquate pour le collège et le financement opérationnel de l'école (BOS) nécessite une sagesse locale pour surmonter le problème. Une bonne politique de planification pour une budgétisation adéquate du collège est une solution judicieuse au problème. La responsabilité du gouvernement local est de combler le manque de financement opérationnel pour la budgétisation des écoles secondaires.

Pour assumer la responsabilité du financement de l'école secondaire de premier cycle, le gouvernement local doit envisager : (1) fournir un financement de fonctionnement de l'école (BOS) à partir de la budgétisation nationale (APBN) ; (2) fournir un financement de fonctionnement de l'école à partir de la province ; (3) un financement précédent pour le collège dans la régence ; et (4) une budgétisation adéquate pour le collège. Le financement opérationnel total du BOS, de la province et du financement antérieur de la régence est comparé à la budgétisation adéquate de l'école secondaire de premier cycle. Si le total des fonds fournis est inférieur à la budgétisation adéquate pour le collège, cela signifie que le gouvernement local de la régence doit fournir plus de fonds pour combler le manque de financement pour le collège.

Dans la régence de Pati en 2015 par exemple, le financement du fonctionnement des écoles (BOS) provenant du budget national (APBN) pour les écoles secondaires de premier cycle est de 710 000 roupies par élève. Le financement du fonctionnement des écoles par la province est de 50 000 roupies par élève. Le financement de l'école primaire dans la régence en 2015 est de 86.000 rupiahs par élève. Le financement opérationnel total du BOS, de la province et du financement précédent de la régence est de **846.000** rupiahs par élève du premier cycle du secondaire. D'autre part, le budget adéquat pour l'école secondaire de premier cycle dans la régence est de 871.937 roupies par élève en 2015, donc le manque de financement opérationnel est de **25.937** roupies par élève pour l'école secondaire de premier cycle. Le manque de financement opérationnel pour l'école secondaire de premier cycle dans la régence de Pati est montré dans le tableau suivant.

Tabel 6. Manque de financement opérationnel pour les écoles secondaires de premier cycle de Pati Regency

Année	Financement opérationnel de l'école secondaire de premier cycle				Financement adéquat à Pati (I = 0.903)	Manque de financement (Gap)
	BOS (APBN)	Province (APBD I)	Regency (APBD II)	Financement total		
2009	570.000	50.000	50.000	670.000	641.130	-28.870
2010	570.000	50.000	50.000	670.000	679.598	9.598
2011	570.000	50.000	64.000	684.000	718.066	34.066
2012	710.000	50.000	64.500	824.500	756.533	-67.967
2013	710.000	50.000	86.000	846.000	795.001	-50.999
2014	710.000	50.000	86.000	846.000	833.469	-12.531
2015	**710.000**	**50.000**	**86.000**	**846.000**	**871.937**	**25.937**
2016	**710.000**	**50.000**	**86.000**	**846.000**	**910.405**	**64.405**
2017	710.000	50.000	86.000	846.000	948.872	102.872
2018	710.000	50.000	86.000	846.000	987.340	141.340
2019	710.000	50.000	86.000	846.000	1.025.808	179.808

Le manque de financement opérationnel de l'école secondaire de premier cycle devrait être fourni par le gouvernement local. En 2016, le gouvernement local de Pati Regency devrait améliorer le financement opérationnel de l'école secondaire de premier cycle. Lorsque le financement opérationnel total du BOS, de la province et du financement précédent de la régence est de 846.000 roupies par étudiant et que le budget adéquat pour le collège dans la régence est de 910.405 roupies par étudiant, le manque est de 64.405 roupies par étudiant pour le financement opérationnel du collège. Il est de la responsabilité du gouvernement local de soutenir l'apprentissage obligatoire de l'éducation de base.

CONCLUSIONS

En ce qui concerne l'analyse et la discussion présentées précédemment, il y a trois conclusions principales. Premièrement, la planification de la politique du gouvernement local pour une budgétisation adéquate de l'éducation de base intègre l'indice local, le taux d'inflation et le coût de base, la valeur standard étant déterminée par la loi. Deuxièmement, la budgétisation adéquate de l'éducation de base s'améliorera chaque année en raison de l'inflation annuelle. Troisièmement, des gouvernements locaux différents peuvent avoir une budgétisation adéquate de l'éducation de base différente parce que les indices locaux sont différents. Par conséquent, le planificateur local pour une budgétisation adéquate de l'éducation de base devrait préparer la planification politique pour une décision politique annuelle dans la budgétisation. Les autres collectivités locales qui souhaitent adopter le modèle de planification de la politique pour une budgétisation adéquate de l'éducation de base doivent ajuster ou adapter l'indice local qui a été légalisé dans la loi (Permendiknas No 69, 2009).

REMERCIEMENTS

Je (l'écrivain) remercie : (1) le chef et le personnel du bureau de la recherche et du développement, Pati Regency ; (2) le chef et le personnel du département de l'éducation, Pati Regency ; et (3) les autres parties qui ont aidé à mener cette recherche.

RÉFÉRENCES

Abbott, John. (2005). Comprendre et gérer l'inconnu : la nature de l'incertitude dans la planification. *Journal of Planning Education and Research.* Vol 24, No 3, pp 237-251.

Diamond, J. et Khemam, P. (2006). *Introduction de systèmes d'information de gestion financière dans les pays en développement.* Journal on Budgeting. Paris : OCDE.

Hanushek, E. et Kimko, D. (2000). Schooling, Labor-Force Quality and the Growth of Nations. *The American Economic Review* Vol 90, No 5, ppll 84-1208.

Kattan, Raja Bentaouet. (2006). *Mise en œuvre de la politique d'éducation de base gratuite.* Washington : Banque mondiale.

Kiprono, FJ, Mary Nganga et Dr Joyce Kanyiri. (2015). Une évaluation de la capacité des School Management Commitees dans la mise en œuvre des fonds FPE dans les écoles primaires publiques : Une enquête sur le district d'Eldoret East, Kenya. *International Journal of Education and Research Vol. 3 No.p.243.*

Nugroho, Riant. (2006). *Kebijakan Publik Untuk Negara-Negara Berkembang.* Jakarta : Gramedia.

Peraturan Pemermtah. (2008). *Peraturan Pemenntah Nomor 47 Tahun 2008 tentang Wajib Belajar.* Lembaran Negara Tahun 2008 No. 90. Jakarta : Kemenkum dan HAM.

Permendiknas. (2009). *Peraturan Menleri Pendidikan Nasional Nomor 69 Tahun 2009 tentang Standar Biaya Operasi Nonpersonalia Tahun 2009 untuk Sekolah Dasar /Madrasah Ibtidaiyah (SD/MI), Sekolah Menengah Pertama/ Madrasah Tsanawiyah (SMP/MTs), Sekolah Menengah Atas/Madrasah Aliyah (SMA/MA), Sekolah Menengah Kejuruan (SMK), Sekolah Dasar Luar Biasa (SDLB), Sekolah Menengah Pertama Luar Biasa (SMPLB) dan Sekolah Menengah Atas Luar Biasa (SMALB).* Jakarta : Biro Hukum dan Organisasi Departemen Pendidikan Nasional.

Reschovsky, Andrew. (2009). *Mesurer les coûts de la fourniture d'une éducation de base à tous les apprenants : Lessonsfrom the International Literature.* Un rapport préparé pour la Commission financière et fiscale. République d'Afrique du Sud.

Rice, Jennifer King et Amy Ellen Schwartz. (2008). Toward an Understanding of Productivity in Education. Édité par H. Ladd et E. Fiske, *Handbook of Research in Education Finance and Policy,* pp. 131-145.

ONU. (2013). *Un nouveau partenariat mondial : Éliminer la pauvreté et transformer les économies grâce au développement durable.* Le rapport du Groupe de personnalités de haut niveau sur le programme de développement pour l'après-2015. New York : Nations Unies.

UNESCO. (2008). *TrainingmatenalsATP 2007/2008 -Educationbudgeting.* Document de travail. Paris : UNESCO-IIPE.

UNESCO. (2009). *Budgétisation de l'éducation au Bangladesh, au Népal et au Sri Lanka.* Paris : Institut international de planification de l'éducation, UNESCO.

UNESCO. (2012). *Démêler l'aide dans les budgets de l'éducation nationale.* Document de référence du Rapport mondial de suivi sur l'EPT. Paris : UNESCO.

UNESCO. (2013). *La scolarisation de millions d'enfants mise en péril par la réduction de l'aide.* Rapport de suivi mondial Document d'orientation 9. Paris : UNESCO.

UNESCO. (2014). Stratégie pour l'éducation 2014-2021. Paris : UNESCO

UU. (2003). *Undang-Undang Nomor 20 Tahun 2003 tentang Sistem Pendidikan.*

Nasional. Jakarta : Dokumen Negara.

Vegas, et al. 2011. *SABER- Finance : Objectifs et approche conceptuelle.* Washington DC : Banque Mondiale.

LA PLANIFICATION DE LA POLITIQUE EN MATIÈRE DE FOURNITURE D'ENSEIGNANTS ADÉQUATS POUR LES ÉCOLES PRIMAIRES DU GOUVERNEMENT LOCAL.

SUROSO[2]

The Board of Regional Development Planning

Pati Regency, Central Java, Indonesia

Email : surosopati321@gmail.com

RÉSUMÉ

Des enseignants adéquats pour l'école primaire sont très importants pour soutenir l'éducation pour tous. L'objectif de la recherche est d'analyser et de développer un plan pour une politique publique d'enseignants adéquats pour les écoles primaires publiques. Cette recherche utilise une approche descriptive-quantitative. Les données de la recherche se composent de données primaires et secondaires. La collecte des données est effectuée par l'observation et l'entretien. L'analyse des données est descriptive. La recherche a donné lieu à six conclusions principales. Premièrement, il existe deux modèles d'analyse des enseignants adéquats des écoles primaires, à savoir les enseignants adéquats basés sur les classes et les enseignants adéquats basés sur les élèves. Deuxièmement, les enseignants adéquats basés sur les classes dans Pati Regency sont en manque de 726 enseignants. Troisièmement, les enseignants adéquats basés sur les étudiants dans Pati Regency sont excessifs 564 enseignants. Quatrièmement, l'analyse comparative entre les enseignants adéquats basés sur des classes et les enseignants adéquats basés sur des étudiants a la disparité significative dans laquelle la valeur de comptage de Chi carré (X^2) 174.91 est plus que la valeur de table de Chi carré (X^2) 3.841. Cinquièmement, le modèle de politique de planification des enseignants adéquats basé sur la classe peut être adopté par d'autres gouvernements locaux en incorporant deux facteurs : le nombre total d'écoles (S) et le nombre total de classes (C) et en utilisant une formule nC + 2S. Sixièmement, le modèle de politique de planification d'enseignants adéquats basé sur les étudiants peut être adopté par d'autres gouvernements locaux en incorporant le nombre total d'étudiants (m) et la valeur du ratio étudiant/enseignant (21:1) et en utilisant une formule m/21. Par conséquent, le planificateur doit mener les analyses de planification de la politique pour les enseignants adéquats des écoles primaires publiques dans le gouvernement local en utilisant simultanément deux analyses de perspective. Ces analyses sont simultanément importantes pour garantir un nombre adéquat d'enseignants et gérer une distribution efficace et efficiente des enseignants.

□ **eywords :** *enseignant adéquat, planification des politiques et école primaire.*

---

[2] Chercheur au Conseil de la planification du développement régional, Pati Regency.

ABSTRAQ

La formation de gourou à l'école secondaire est un moyen efficace d'améliorer la qualité de vie de vos enfants. Ce document a pour but de définir et de mettre en place un modèle d'apprentissage pour les étudiants de l'école secondaire du Nord. Ce document présente le modèle d'analyse deskriptif et kuantitatif. L'outil de gestion des données comprend des données de base et des données de référence. L'analyse des données s'effectue à l'aide des techniques d'observation et d'analyse des données. La technique d'analyse des données permet de réaliser une analyse documentaire. Il y a 6 modèles dans la base de données. Dans le premier cas, il existe 2 modèles d'analyse de la formation des enseignants de l'école secondaire, à savoir la formation des enseignants sur la base du rombel et la formation des enseignants sur la base du siswa. Kedua, kecukupan guru berbasis kelas/rombel di Kabupaten Pati masih kekurangan guru 726 orang. Ketiga, la communauté de gourous de la région de Kabupaten Pati doit être remplacée par un groupe de 564 gourous. L'analyse comparative de la répartition entre le conseiller en charge du dossier kelas/rombel et le conseiller en charge du dossier murin révèle une disparité significative, le résultat du test du chi carré (X^2) 174,91 étant inférieur au résultat du tableau du chi carré (X^2) 3,841. Kelima, model kebijakan perencanaan kecukupan guru berbasis rombel dapat diadopsi oleh pemerintah daerah lain dengan mengakomodasi 2 faktor : jumlah sekolah (S) dan jumlah rombel/kelas (C) dan menggunakan rumus nC + 2S. Keenam, model kebijakan perencanaan kecukupan guru berbasis murid dapat diadopsi oleh pemerintah daerah lain dengakomodasi faktor jumlah murid (m) dan nilai ratio murid terhadap guru (21:1) dan menggunakan rumus m/21. En effet, la personne concernée par l'étude a pu obtenir une analyse de l'impact de l'enseignement sur le gourou de l'école secondaire du district de Nairobi en utilisant deux méthodes d'analyse simultanées. L'analyse simultanée permet d'identifier le conseiller et d'améliorer l'efficacité et l'efficience de la distribution du conseiller.

Kata Kunci : *gourou, école primaire et école secondaire.*

INTRODUCTION

Depuis que le cadre de l'éducation pour tous (EPT) a été établi en 2000, les pays ont progressé vers les objectifs. Cependant, un trop grand nombre d'entre eux seront encore loin de la cible (UNESCO, 2014). En ce qui concerne les progrès, Kiprono (2015) a déclaré que l'éducation pour tous (EPT) et les objectifs du millénaire pour le développement (OMD) ont permis de déployer des efforts considérables, principalement en réduisant les coûts directs pour les parents, afin d'accroître la scolarisation dans le primaire. Cependant, des analyses récentes montrent que les efforts visant à donner accès à une éducation de base à tous les enfants et les jeunes sont en péril. Dans le monde, il y a encore 57 millions d'enfants non scolarisés dans le primaire, en grande partie issus de populations marginalisées comme les garçons mais surtout les filles qui sont touchées par les conflits armés, l'extrême pauvreté et le handicap (UNESCO 2013). Dans le monde, 200 millions d'enfants n'ont pas terminé l'école primaire, et beaucoup de ceux qui commencent l'école l'abandonnent prématurément, à la fois à cause de la mauvaise qualité de l'éducation et aussi à cause de facteurs liés au foyer comme la pauvreté (UNESCO, 2012).

L'éducation pour tous (EPT) devient la priorité de développement au niveau mondial. L'éducation pour tous (EPT) comporte six objectifs : (1) développer et améliorer sous tous leurs aspects la protection et l'éducation de la petite enfance, et notamment des enfants les plus vulnérables et défavorisés ; (2) faire en sorte que d'ici 2015 tous les enfants, notamment les filles, les enfants en difficulté et ceux appartenant à des minorités ethniques, aient la possibilité d'accéder à un enseignement primaire obligatoire et gratuit de qualité et de le suivre jusqu'à son terme ; (3) répondre aux besoins éducatifs de tous les jeunes et de tous les adultes en assurant un accès équitable à des programmes adéquats ayant pour objet l'acquisition de connaissances ainsi que de compétences nécessaires dans la vie courante ; (4) améliorer de 50 % les niveaux d'alphabétisation des adultes, et notamment des femmes, d'ici à 2015, et assurer à tous les adultes un accès équitable aux programmes d'éducation de base et d'éducation permanente ; (5) éliminer les disparités entre les sexes dans l'enseignement primaire et secondaire d'ici à 2005 et instaurer l'égalité dans ce domaine en 2015 en veillant notamment à assurer aux filles un accès équitable et sans restriction à une éducation de base de qualité avec les mêmes chances de réussite ; et (6) améliorer sous tous ses aspects la qualité de l'éducation et garantir son excellence de façon à obtenir pour tous des résultats d'apprentissage reconnus et quantifiables, notamment en ce qui concerne la lecture, l'écriture, le calcul et les compétences indispensables dans la vie courante (UNESCO, 2014). *Le Rapport mondial de suivi 2008* réalisé par l'Internationale de l'Education (IE), la Fédération syndicale internationale qui représente 30 millions d'enseignants et de personnels de l'éducation, du préscolaire à l'université, dans 171 pays et territoires, indique qu'il existe trois défis principaux en ce qui concerne la qualité de l'éducation pour tous (IE, 2009). Premièrement, les résultats d'apprentissage doivent être contrôlés.

En dépit des faiblesses des tests comparatifs de réussite, ceux-ci sont largement utilisés pour évaluer ce que les élèves apprennent réellement à l'école et dans quelle mesure. Au niveau international, les principales évaluations révèlent de faibles résultats d'apprentissage dans une grande partie du monde, notamment dans les pays en développement. Des inégalités sont constatées entre les pays et à l'intérieur de ceux-ci. Alors que dans le monde développé, les disparités d'apprentissage semblent être attribuables au milieu socio-économique des élèves et à leur statut d'immigrant, dans les pays en développement, de fortes disparités favorisent les écoles urbaines par rapport aux écoles rurales. Il faut des stratégies efficaces pour évaluer les connaissances et les compétences et démontrer des résultats d'apprentissage mesurables.

Deuxièmement, les environnements d'apprentissage doivent être améliorés. L'accès aux ressources d'apprentissage, en premier lieu les manuels scolaires, est un facteur clé. Le ratio élèves/manuels est une mesure significative de la qualité de l'éducation. L'enquête du Consortium d'Afrique australe et orientale pour le pilotage de la qualité de l'éducation (SACMEQ) a révélé que, dans de nombreux pays africains, plus de la moitié des élèves de 6e année ont déclaré apprendre dans des classes qui n'avaient pas un seul livre. La rétention et l'apprentissage sont également entravés lorsque les élèves vont à l'école dans des bâtiments délabrés ou surpeuplés, dans des environnements bruyants ou peu sûrs ou, surtout, dans des salles de classe insuffisamment équipées ou mal éclairées et ventilées. Dans les pays du SACMEQ, 47 % des bâtiments scolaires nécessiteraient des réparations importantes ou une reconstruction complète ; seuls 13 % seraient en "bon" état. L'accès à la technologie est un autre aspect critique ; alors qu'il reste inaccessible à la plupart des enfants dans les pays qui luttent le plus pour atteindre les objectifs de l'EPT, dans le monde développé, l'expansion récente des TIC a facilité l'application accrue de divers modèles d'enseignement à distance et d'innovations pédagogiques.
Troisièmement, il est primordial d'attirer des enseignants plus nombreux et de meilleure qualité. La pénurie d'enseignants est un problème majeur, notamment dans le monde en développement, où le rapport élèves/enseignants formés (REE) peut atteindre 40:1 ou plus (la moyenne pour l'Amérique du Nord et l'Europe occidentale est de 15:1). Dans le monde en développement, cette pénurie est exacerbée par une pénurie encore plus aiguë d'enseignants correctement formés. Des REE extrêmement élevés (supérieurs à 100:1) ont été constatés en Afghanistan, à Madagascar, au Mozambique, au Népal et au Tchad, et des REE élevés (supérieurs à 40:1) en Afrique subsaharienne. Pour réussir l'éducation pour tous (EPT), certains facteurs importants sont nécessaires et l'un d'entre eux est un enseignant adéquat. En ce qui concerne la mise en œuvre de l'éducation pour tous (EPT), le résultat du suivi mondial effectué par l'UNESCO en 2012 montre que l'éducation

L'indice de développement humain (IDE) de l'Indonésie se situe au niveau 64 sur 120 pays (Handini, 2016). Cela signifie que les facteurs déterminants pour la qualité de l'éducation ne sont pas bien fournis. Un des facteurs déterminants importants pour la qualité de l'éducation est un enseignant adéquat.

Selon Syamsuri (2010:3), les enseignants jouent un rôle important dans l'augmentation du rendement de l'apprentissage et de la qualité de l'éducation. Dans ce cas, un enseignant devrait avoir une compétence paedagogik car elle est liée à un processus d'apprentissage (Suparlan, 2006 : 86). En outre, l'enseignant professionnel doit avoir une formation qualifiée et des compétences scientifiques pertinentes (Widiarsa, 2013 : 6). En ce qui concerne la compétence de l'enseignant, l'UNESCO a proposé qu'il y ait quelques points importants pour augmenter la compétence de l'enseignant, y compris la mise à niveau et la certification (Hamzah, 2009).

Pour gérer les enseignants en Indonésie, il existe un règlement, une décision conjointe de cinq ministères (SKB, 2011). Il s'agit de la décision conjointe du ministère de l'Éducation, du ministère d'État pour l'habilitation des appareils d'État et la réforme de la bureaucratie, du ministère de l'Intérieur, du ministère des Finances et du ministère des Affaires religieuses. Numéro : 05/x/pb/2011, spb/03/m.pan- rb/10/2011, 48 tahun 2011, 158/pmk.01/2011, 11 tahun 2011 sur la gestion et l'équité pour les enseignants fonctionnaires. L'objectif de cette étude est d'analyser et de développer un plan pour une politique publique des enseignants adéquats pour les écoles primaires (Kemdiknas, 2011). La décision conjointe de cinq ministères (SKB) a été formulée pour soutenir les règlements précédents tels que la loi sur le système éducatif national (UU 20, 2003) et le règlement gouvernemental sur l'apprentissage obligatoire (PP 47, 2008). L'objectif de la recherche est d'analyser et de développer un plan pour une politique publique d'enseignants adéquats pour les écoles primaires publiques.

La politique publique de gestion des enseignants des écoles primaires

"La politique publique, selon Nugroho (2006), est tout ce qui est fait par les gouvernements en respectant les raisons pour lesquelles ils le font et ce qui a un impact sur l'amélioration de la vie. Pour mettre en œuvre la politique publique d'éducation de base, il faut des enseignants adéquats, en particulier dans les écoles publiques d'éducation de base. Le terme "enseignant" désigne un professionnel de l'éducation qui éduque, enseigne, guide, dirige, forme et évalue les élèves dans l'enseignement formel préscolaire, l'enseignement de base et l'enseignement moyen (UU 14/2005).

En ce qui concerne la gestion des enseignants, en particulier des enseignants fonctionnaires pour les écoles primaires, la décision conjointe de cinq ministères (SKB, 2011) stipule que (1) l'école primaire (SD) utilise des enseignants basés sur la classe ; (2) chaque classe est composée de 20 à 32 élèves ; (3) chaque classe a besoin d'un enseignant de classe ; (4) chaque école primaire fournit un enseignant de religion et un enseignant d'éducation physique et de santé ; (5) chaque école primaire fournit un enseignant de religion et un enseignant d'éducation physique et de santé.

santé (professeur de sport) ; et (5) Le professeur de religion et le professeur d'éducation physique et de santé doivent enseigner au moins 24 heures par semaine (Kemdiknas, 2011).

La régulation normative des enseignants adéquats pour l'école primaire

Sur la base de la décision conjointe de cinq ministères (SKB, 2011), il existe des critères et des formules pour répondre aux besoins en enseignants de l'école primaire. Sur la base de la réglementation, le gouvernement local doit établir un plan pour fournir des enseignants adéquats pour l'école primaire en fonction des formules déterminées. Tout d'abord, il s'agit de la formule permettant de calculer le besoin en enseignants pour l'école primaire ou l'école primaire. Le besoin en enseignants par classe est égal au nombre total de classes. Deuxièmement, il s'agit de la formule permettant de calculer les besoins en professeurs de religion et en professeurs d'éducation physique et de santé (professeurs de sport) pour l'école primaire ou l'école primaire. Le besoin de l'enseignant est égal au total des heures d'enseignement par semaine divisé par 24 heures d'enseignement pour un enseignant. Le nombre d'heures d'enseignement par semaine, à savoir 24 heures pour un enseignant, correspond au processus standard (Permendiknas 41, 2007) et à la charge de travail des enseignants (Permendiknas 39, 2009).

LA MÉTHODE DE RECHERCHE

Cette recherche est menée à Pati Regency, Central Java, Indonésie. La recherche utilise l'approche

☐The need standard of class Teachers (S☐B☐☐☐☐☐

$$KGK = \Sigma K \times 1 \text{ teacher}$$

KGK = need of class-teacher
K = class

☐The standard need of religion and sport Teacher (S☐B☐☐☐☐☐

$$KGAP = \frac{JTM}{24} = \sum_{i=1}^{7} \left(MP_i \times \sum K_i \right)$$

KGAP = need of religion teacher and teacher of physical education and health
JTM = total teaching hours a week
MP = lesson hours a week (religion/ physical education and health)
ΣK = total class

descriptive-quantitative. Les données de la recherche se composent de données primaires et secondaires. La collecte des données est effectuée par l'observation et l'entretien. Les ressources de données consistent en des documents, des événements sur le terrain et des personnes-ressources. Les analyses des données consistent en une analyse descriptive et une analyse comparative.

❑ Analysis of ade□uate teachers based classes for primary schools

$$ATc = nC + 2.S$$

ATc = adequate teachers based on class
nC= total class
2.S= twice of total primary schools

❑ Analysis of ade□uate teachers based students for primary schools

$$ATm = m / rm$$

ATc = adequate teachers based on students
m= total student
rm= ratio value of students to teacher (21:1)

❑ Comparative analysis of ade□uate teachers for primary school

$$X^2 = \sum (Fo-Fh)^2 / Fh$$

X^2 = value of chi square
Fo = observed value
Fh = expected value

RÉSULTATS ET DISCUSSION

L'analyse des enseignants adéquats en fonction des classes pour les écoles primaires

Précédemment mentionné dans la décision conjointe de cinq ministères (SKB, 2011) que le besoin d'enseignants pour les écoles primaires (SD) a les critères suivants : (1) l'école primaire (SD) utilise des enseignants par classe ; (2) chaque classe est composée de 20-32 étudiants ; (3) chaque classe a besoin d'un enseignant de classe ; (4) chaque école primaire fournit un enseignant de religion et un enseignant d'éducation physique et de santé (professeur de sport) ; et (5) l'enseignant de religion et l'enseignant d'éducation physique et de santé doivent enseigner au moins 24 heures par semaine.

Sur la base de ces critères, le standard d'enseignants adéquats pour l'école primaire (SD) peut être analysé et calculé. L'école primaire standard (SD) compte 6 classes. Chaque classe a besoin d'un enseignant et l'école a besoin de deux autres enseignants, à savoir l'enseignant de religion et l'enseignant d'éducation physique et de santé (enseignant de sport). Ainsi, le nombre d'enseignants adéquats pour une école primaire (SD) de 6 classes est de 8 à 9 enseignants. L'école peut n'avoir besoin que de 8 enseignants lorsque l'enseignant de religion n'est qu'une seule personne. Cela signifie que les élèves ont une religion relativement similaire. Dans le cas contraire, lorsque la religion des élèves varie, le besoin d'enseignants peut devenir 2 personnes, de sorte que le nombre d'enseignants adéquats pour une école primaire (SD) de 6 classes est de 9 enseignants. La norme d'enseignants adéquats basée sur la classe pour une école primaire (SD) avec 6 classes est la suivante :

Classe de l'école primaire	Enseignant existant	Signification	Catégorie
6 Classe (Rombel)	T > 10 personnes	Excessif	A
6 Classe (Rombel)	8-9 personnes	Adéquat	B
6 Classe (Rombel)	T < 7 personnes	Pénurie	C

La norme d'enseignants adéquats basée sur la classe pour l'école primaire (SD) peut être reformulée comme suit :

$$ATc = nC + 2.S$$

ATc = enseignants adéquats en fonction de la classe
nC = classe totale
$2.S$ = deux fois le nombre total d'écoles primaires

Pati Regency, par exemple, compte 649 écoles primaires publiques (SDN), 4 104 classes (rombel) et 4 676 enseignants (PNS). Si l'on utilise la formule ci-dessus pour calculer le nombre d'enseignants adéquats par classe, le besoin en enseignants est de 4 104 + (2 x 649) = 5 402. Les enseignants adéquats basés sur la classe dans Pati Regency sont 5.402 enseignants. Les enseignants existants sont 4.676 personnes et le besoin ou les enseignants adéquats sont 5.402 personnes, donc la pénurie d'enseignants est -726 personnes. Les enseignants existants et les enseignants adéquats pour les écoles primaires de Pati Regency sont décrits dans le tableau suivant.

Tabel 1. Nombre d'enseignants adéquats en fonction des classes pour les écoles primaires de Pati Regency

Non	Districts (UPT Disdik)	Écoles (SDN)	Enseignants (PNS)	Cours (Rombel)	Besoin en enseignants (Atc)		Catégorie
					nC + 2.S	Statut	
1	Sukolilo	39	294	256	334	pénurie	-40
2	Kayen	39	253	234	312	pénurie	-59
3	Tambakromo	32	265	204	268	pénurie	-3
4	Winong	40	307	240	320	pénurie	-13
5	Pucakwangi	27	177	163	217	pénurie	-40
6	Jaken	26	153	163	215	pénurie	-62
7	Batangan	23	153	145	191	pénurie	-38
8	Juwana	40	321	301	381	pénurie	-60
9	Jakenan	27	196	163	217	pénurie	-21
10	Pati	51	403	327	429	pénurie	-26
11	Gabus	36	256	228	300	pénurie	-44
12	Margorejo	29	217	191	249	pénurie	-32
13	Gembong	23	170	136	182	pénurie	-12
14	Tlogowungu	30	194	174	234	pénurie	-40
15	Wedarijaksa	27	176	176	230	pénurie	-54
16	Trangkil	28	188	173	229	pénurie	-41
17	Margoyoso	30	190	197	257	pénurie	-67
18	Gunungwungkal	21	150	123	165	pénurie	-15
19	Cluwak	28	244	169	225	excessif	19
20	Tayu	28	203	179	235	pénurie	-32
21	Dukuhseti	25	166	162	212	pénurie	-46
	Kabupaten	649	4.676		4.104	5.402 pénurie	-726

La plupart des districts manquent d'enseignants pour les écoles primaires, sauf un, le district de Cluwak, qui a un nombre excessif d'enseignants pour les écoles primaires (19 enseignants). Le manque d'enseignants par classe pour les écoles primaires est de 726 personnes à Pati Regency. Cependant, la planification de la politique devrait avoir plus d'analyses telles que l'analyse des enseignants adéquats en fonction des étudiants.

L'analyse des enseignants adéquats en fonction des élèves pour les écoles primaires

La planification des politiques visant à fournir des enseignants adéquats à l'école primaire devrait prendre en compte la faisabilité en termes d'efficacité et d'efficience. En fait, certaines écoles primaires ont moins d'élèves (sous-normes) dans la zone étudiée. Par exemple, SDN Prawoto 03 dans le district de Sukolilo a 6 classes et 53 élèves, ce qui signifie que la classe moyenne ne compte que 8 ou 9 élèves. De même, SDN Bremi 03 dans le district de Gembong n'a que 31 élèves dans 5 classes, ce qui fait que la classe moyenne n'est que de 6 élèves. Les classes avec moins d'élèves peuvent poser des problèmes d'efficacité et d'efficience pour la gestion des enseignants. C'est pourquoi la planification des politiques devrait comporter davantage d'analyses telles que l'analyse des enseignants adéquats en fonction des élèves. C'est utile pour améliorer l'efficacité et l'efficience de la gestion des enseignants.

L'analyse des enseignants adéquats en fonction des élèves devrait également être pertinente pour la décision conjointe de cinq ministères (SKB, 2011). Elle indique que chaque classe est composée de 20 à 32 élèves. La classe standard d'une école primaire compte 6 classes, ce qui signifie que les élèves sont au minimum 120 et au maximum 192. Les enseignants adéquats sont 8 à 9 personnes (voir la description précédente). Sur la base de ces valeurs, le ratio minimum élèves/enseignant est de 15 : 1, soit 120/8, et le ratio maximum est de 21 : 1, soit 192/9. Par conséquent, les critères pour un nombre adéquat d'enseignants en fonction des étudiants sont les suivants :

Standard	Nominal	Étudiants (M)		Professeur(G)		Ratio
		min	max	min	max	M : G
Cours (Rombel)	6					
Classe minimale/rombel	20	120		8		15
Classe Max/rombel	32		192		9	21
Critères d'évaluation d'un enseignant adéquat						
Standar rombel SD	Ratio M : G	Statut	Catégorie			
6 Kelas/rombel	R < 14	Excessif	A			
6 Kelas/rombel	15-21	Adéquat	B			
6 Kelas/rombel	R > 22	Pénurie	C			

En ce qui concerne les enseignants adéquats basés sur les étudiants, Pati Regency, a 649 écoles primaires publiques (SDN), 4.676 enseignants (PNS) et 86.356 étudiants. Lorsque les enseignants adéquats sont basés sur les étudiants, le besoin d'enseignants devient 86.356 / 21 = 4112. Les enseignants adéquats basés sur les étudiants dans Pati Regency sont 4.112 enseignants. Les enseignants existants sont 4.676 personnes et les enseignants adéquats sont 4.112 personnes, donc les enseignants en excès sont 564 personnes.

Le district de Sukolilo, par exemple, compte 39 écoles primaires publiques (SDN), 294 enseignants (PNS) et 5.832 élèves. Lorsque le nombre d'enseignants adéquats est basé sur le nombre d'élèves, le besoin d'enseignants est plus important.

devient 5.832 / 21 = 278. Le nombre d'enseignants adéquats par élève dans le district est de 278. Les enseignants existants sont 294 personnes et les enseignants adéquats sont 278 personnes, donc les enseignants excessifs sont 16 personnes. Dans le contexte des enseignants adéquats basés sur les étudiants, la plupart des districts de Pati Regency ont des enseignants excessifs. Les enseignants existants et les enseignants adéquats basés sur les étudiants pour les écoles primaires sont décrits dans le tableau suivant.

Tabel 2. Nombre d'enseignants adéquats en fonction du nombre d'étudiants dans les écoles primaires de Pati Regency

Non	District (UPT Disdik)	écoles (SDN)	Enseignants PNS (G)	Étudiants (m)	Besoin de l'enseignant (m / 21)	Statut	Catégorie
1	Sukolilo	39	294	5.832	278	Excessif	16
2	Kayen	39	253	4.944	235	Excessif	18
3	Tambakromo	32	265	4.328	206	Excessif	59
4	Winong	40	307	4.334	206	Excessif	101
5	Pucakwangi	27	177	2.652	126	Excessif	51
6	Jaken	26	153	3.171	151	Adéquat	2
7	Batangan	23	153	2.927	139	Excessif	14
8	Juwana	40	321	7.606	362	Pénurie	-41
9	Jakenan	27	196	3.110	148	Excessif	48
10	Pati	51	403	8.874	423	Pénurie	-20
11	Gabus	36	256	4.804	229	Excessif	27
12	Margorejo	29	217	4.303	205	Excessif	12
13	Gembong	23	170	2.381	113	Excessif	57
14	Tlogowungu	30	194	2.917	139	Excessif	55
15	Wedarijaksa	27	176	4.673	223	Pénurie	-47
16	Trangkil	28	188	4.628	220	Pénurie	-32
17	Margoyoso	30	190	4.156	198	Pénurie	-8
18	Gunungwungkal	21	150	1.821	87	Excessif	63
19	Cluwak	28	244	2.372	113	Excessif	131
20	Tayu	28	203	3.724	177	Excessif	26
21	Dukuhseti	25	166	2.799	133	Excessif	33
	Kabupaten	649	▢mu	86.356	▢mu	Excessif	564

La plupart des districts de la régence de Pati ont des enseignants en surnombre. Seuls quelques districts ont un manque d'enseignants. Ce résultat montre que les classes (rombel) de l'école primaire sont en général sous le standard (moins de 28 élèves). Les besoins entre les enseignants adéquats basés sur la classe et les enseignants adéquats basés sur l'élève pour l'école primaire sont significativement différents si les besoins sont comparés.

Les analyses comparatives des enseignants adéquats pour les écoles primaires

Pati Regency compte 649 écoles primaires publiques (SDN), 4.104 classes (rombel), 4.676

enseignants (PNS) et 86.356 étudiants en 2015. Les enseignants adéquats basés sur la classe pour l'école primaire sont 5.402 personnes donc le manque d'enseignants basés sur la classe pour les écoles primaires sont 726 personnes. D'autre part, les enseignants adéquats basés sur l'élève pour l'école primaire sont 4.112 personnes donc les enseignants en excès sont 564 personnes. Les différentes catégories de

besoins entre les enseignants adéquats sur la classe et des enseignants adéquats en fonction de base l'élève pour école primaire sont de 1.290 enseignants. Les valeurs peuvent être organisées dans la matrice suivante

Le besoin d'un enseignant pour l'école primaire	Valeurs analysées	Valeurs attendues
des enseignants adéquats en fonction de la classe	5.402	4757
d'enseignants adéquats en fonction des élèves	4.112	4757
Total	9.514	9.514

Sur la base des valeurs ci-dessus, le chi carré (X^2) peut être calculé à l'aide de la matrice suivante.

Le besoin de l'enseignant	Fo	Fh	Fo -Fh	$(Fo - Fh)^2$	$((Fo - Fh)^2)$ /Fh
enseignants en fonction de la classe	5.402	4757	645	416.025	87,46
enseignants en fonction de l'élève	4.112	4757	-645	416.025	87,46
Total	9.514	9.514			174,91

La valeur du Chi carré (X^2) est de 174,91. D'autre part, la valeur de table du Chi carré (X^2) pour dk 1 (2 catégories - 1) et une erreur significative de 5 % est de 3,841. La valeur de comptage du Chi carré (X^2) 174,91 est supérieure à la valeur de table du Chi carré (X^2), 3,841. Cela signifie qu'il y a une disparité significative entre les enseignants adéquats basés sur la classe et les enseignants adéquats basés sur l'élève pour l'école primaire. Cela signifie que les classes (rombel) des écoles primaires sont en général sous le standard (moins de 28 élèves). Par conséquent, la politique de mise à disposition d'enseignants adéquats devrait tenir compte des classes et des élèves existants pour améliorer l'efficacité et l'efficience de la distribution des enseignants.

La politique publique dans la gestion de la distribution pour des enseignants adéquats

La politique publique dans la gestion de la répartition des enseignants adéquats doit tenir compte des classes et des étudiants existants. Ceci est très important pour garantir des enseignants adéquats et gérer une distribution efficace et efficiente des enseignants adéquats. Certaines écoles primaires publiques peuvent avoir un manque d'enseignants (C) dans la perspective d'enseignants adéquats basés sur la classe et en même temps les écoles peuvent avoir un nombre excessif d'enseignants (A) basé sur les étudiants. Cela signifie que le nombre total d'élèves est inférieur à la norme (moins de 28 élèves par classe). C'est un phénomène courant dans certaines écoles de la zone d'étude.

Il a été mentionné précédemment que Pati Regency compte 649 écoles primaires publiques (SDN), 4.104 classes (rombel), 4.676 enseignants (PNS) et 86.356 étudiants. Les enseignants adéquats basés sur la classe pour l'école primaire sont 5.402 personnes, donc le manque d'enseignants basés sur la classe pour les écoles primaires sont 726 personnes. D'autre part, les enseignants adéquats basés sur les élèves de l'école primaire sont de 4.112 personnes et le nombre d'enseignants en surnombre est de 564 personnes. Cela indique que de nombreuses écoles ont des élèves en dessous de la norme (moins de 28 élèves par classe).

Dans la pratique, lorsque l'école primaire Y, par exemple, dispose d'un nombre d'enseignants inférieur à ses besoins en termes de classes, cela signifie que l'école primaire Y est en pénurie (C). Dans le même temps, lorsque l'école primaire Y dispose d'un nombre d'enseignants inférieur au besoin d'enseignants en fonction des élèves, cela signifie que les enseignants de l'école primaire Y sont en pénurie (C). Si l'école primaire Y a des classes conformes à la norme (6 classes), cette école devrait être ajoutée avec un nouvel/de nouveaux enseignant(s). Si l'école primaire Y a des classes supérieures à la norme (7 classes ou plus), cette école devrait être contrôlée dans l'inscription de nouveaux élèves chaque année. La politique publique pour des enseignants adéquats doit être menée avec soin pour garantir des enseignants adéquats et gérer une distribution efficace et efficiente des enseignants. En général, la politique publique de gestion de la distribution des enseignants adéquats est décrite dans le tableau suivant.

Tabel 3. La politique publique dans la gestion de la distribution pour des enseignants adéquats

Non	Enseignants existants par école		Classes/rombel (R Standard)	Priorité politique des enseignants (Employés à l'école)
	En fonction de la classe	Sur la base de l'étudiant		
1)	C (pénurie)	C (pénurie)	R = 6	Première priorité pour l'ajout d'enseignants
2)	C (pénurie)	C (pénurie)	R > 6	Contrôle dans l'inscription comme standard
3)	C (pénurie)	B (adéquat)	R = 6	Deuxième priorité pour l'ajout d'enseignants
4)	C (pénurie)	A (exessif)	R < 6	Fusion entre les écoles
5)	B (adéquat)	A /B/C	R < 6	Contrôle pour soutenir les écoles
6)	A (exessif)	A (exessif)	R > 6	Première priorité pour la réduction du nombre d'enseignants
7)	A (exessif)	B (adéquat)	R > 6	Deuxième priorité pour la réduction du nombre d'enseignants
8)	A (exessif)	C (pénurie)	R > 6	Troisième priorité pour la réduction du nombre d'enseignants

L'adoption du modèle politique dans la planification de la distribution des enseignants adéquats

Le modèle de planification de la politique pour les enseignants adéquats des écoles élémentaires peut être adopté par d'autres gouvernements locaux. L'analyse des enseignants adéquats basée sur les classes existantes (rombel) doit intégrer deux facteurs de base, à savoir : le total des écoles (S), en particulier les écoles élémentaires publiques (SDN) et le total des classes/rombel (C). Le proxi pour les enseignants adéquats des écoles élémentaires peut être calculé en utilisant la formule nC (total des classes se référant à une classe un enseignant, puis ajouté 2.S (se référant à chaque école élémentaire besoin d'un professeur de religion et un professeur d'éducation sportive). Les gouvernements locaux peuvent adopter le modèle de planification de la politique pour un nombre adéquat d'enseignants dans les écoles élémentaires pour leur propre gouvernement local.

Le gouvernement local de Pati Regency, par exemple, compte 649 écoles élémentaires publiques et le total des groupes d'apprentissage se compose de 4 104 classes (nC), de sorte que les enseignants adéquats des écoles élémentaires dans le gouvernement local sont 4 104 + (2 x 649) = 5 402 enseignants. L'autre administration locale, Asumption Regency A, compte 650 écoles élémentaires publiques (s) et le total des groupes d'apprentissage se compose de 4.200 classes (nC), de sorte que les enseignants adéquats des écoles élémentaires dans l'administration locale A sont 4.200 + (2 x 650) = 5.500 enseignants. L'autre administration locale, a Régence B compte 350 écoles élémentaires publiques (s) et le total des groupes d'apprentissage se compose de 2 500 classes (nC), de sorte que les enseignants adéquats des écoles élémentaires dans le gouvernement local B sont 2 500 + (2 x 350) = 3 200 enseignants. C'est la façon de déterminer le proxi des enseignants adéquats basé sur la classe de l'école élémentaire/primaire qui peut être adopté par d'autres gouvernements locaux et qui est montré dans le tableau suivant.

Tabel 4. L'adoption de la politique de planification pour les enseignants adéquats en fonction des classes

Non	Local Gouvernement	Écoles publiques (s)	Classes (nC)	Le besoin (nC + 2.S) d'enseignants
1	Pati Regency	649	4.104	4.104 + (2 x649) = 5.402
2	Régence A	650	4.200	4.200 + (2 x 650)= 5.500
3	Regency B	350	2.500	2.500 + (2x 350)= 3.200

La planification des politiques visant à fournir des enseignants adéquats devrait être analysée en utilisant une autre perspective, à savoir des enseignants adéquats basés sur les étudiants. Cela permet d'améliorer l'efficacité et l'efficience de la gestion des enseignants. L'analyse des enseignants adéquats basée sur les étudiants doit prendre en compte deux facteurs : les étudiants (m) et le standard normatif du groupe d'apprenants. Selon la décision conjointe de cinq ministères (SKB, 2011). Elle stipule qu'une école primaire a 6 classes et que chaque classe est composée de 20 à 32 élèves, de sorte que le minimum d'élèves est de 120 élèves dans une école primaire/élémentaire et le maximum d'élèves est de 192 élèves. Le nombre adéquat d'enseignants est de 8 à 9 personnes (voir la description précédente). Sur la base de ces valeurs, le ratio minimum élève-enseignant est de 15 : 1, soit 120/8, et le ratio maximum élève-enseignant est de 21 : 1, soit 192/9. Par conséquent, le nombre adéquat d'enseignants par élève peut être analysé en utilisant la formule (m/21). Cela signifie que chaque 21 élèves a besoin d'un enseignant, ce qui correspond au ratio 21:1.

Le gouvernement local de Pati Regency, par exemple, compte 649 écoles élémentaires publiques avec un total de 86 356 élèves (m), ce qui signifie que le nombre d'enseignants adéquats par rapport au nombre d'élèves des écoles élémentaires du gouvernement local est de 86 356 /21 = 4 112 enseignants. L'autre collectivité locale, Asumption Regency A, compte 650 écoles élémentaires publiques dont le nombre total d'élèves est de 89 000, ce qui signifie que le nombre d'enseignants adéquats pour les élèves des écoles élémentaires de la collectivité locale A est de 89 000 /21 = 4 238 enseignants. L'autre administration locale, asumption Regency B, compte 350 écoles élémentaires publiques avec un total de 63 000 élèves (m), de sorte que les enseignants adéquats sur la base des élèves des écoles élémentaires dans l'administration locale B sont 63 000 /21 = 3 000 enseignants, comme le montre le tableau suivant.

Tabel 5. L'adoption de la politique de planification pour des enseignants adéquats en fonction des étudiants

Non	Gouvernement local	Étudiants (m)	Ratio élèves/professeur	Le besoin des enseignants (m/21)
1	Pati Regency	86.356	21	4.112
2	Régence A	89.000	21	4.238
3	Regency B	63.000	21	3.000

C'est la façon de déterminer le proxi des enseignants adéquats en fonction des élèves de l'école élémentaire/primaire. Ce modèle peut être adopté par d'autres gouvernements locaux en Indonésie.

CONCLUSIONS

Cette étude présente six résultats principaux. **Premièrement, il** existe deux modèles admissibles pour analyser les enseignants adéquats des écoles primaires, à savoir : les enseignants adéquats basés sur les groupes d'apprentissage (classe) et les enseignants adéquats basés sur les élèves. **Deuxièmement, les** enseignants adéquats basés sur les classes de Pati Regency, qui compte 649 écoles primaires publiques (SDN), 4 104 classes (rombel) et 4 676 enseignants (PNS), manquent de 726 enseignants car les enseignants adéquats basés sur les classes sont 4 104 + (2 x 649) = 5 402. Les enseignants existants sont 4.676 personnes et les enseignants adéquats basés sur les classes sont 5.402 personnes, donc le manque d'enseignants est - 726 personnes. **Troisièmement'** les enseignants adéquats basés sur les étudiants dans Pati Regency qui a 649 écoles primaires d'état (SDN), 4.676 enseignants (PNS) et 86.356 étudiants sont excessifs 564 enseignants parce que les besoins sont 86.356 / 21 = 4112 enseignants. Les enseignants existants sont 4.676 personnes et les enseignants adéquats basés sur les étudiants sont 4.112 personnes, donc les enseignants excessifs sont 564 personnes. **Quatrièmement, l'analyse comparative** entre les enseignants adéquats basés sur les classes et les enseignants adéquats basés sur les étudiants présente une disparité significative dans laquelle la valeur de comptage du Chi carré (X^2) 174,91 est supérieure à la valeur de table du Chi carré (X^2) 3,841. **Cinquièmement**, le modèle de planification de la politique pour des enseignants adéquats basé sur les classes des écoles élémentaires peut être adopté par d'autres gouvernements locaux dans lesquels l'adoption devrait incorporer deux facteurs de base, à savoir : le nombre total d'écoles (S), en particulier les écoles élémentaires publiques (SDN) et le nombre total de classes/rombel (C) en utilisant une formule nC (nombre total de classes), puis ajouté 2S (chaque école élémentaire a besoin d'un professeur de religion et d'un professeur d'éducation sportive). **siDthlyQhe** modèle de planification de la politique pour les enseignants adéquats sur la base des étudiants des écoles élémentaires peut être adopté par d'autres gouvernements locaux dans lequel l'adoption devrait considérer le nombre total d'étudiants (m) puis divisé par 21 (se référant au ratio étudiants / enseignant 21:1).

Le planificateur local de l'administration locale doit analyser attentivement la question des enseignants adéquats. Le planificateur doit effectuer des analyses de planification de la politique pour les enseignants adéquats des écoles primaires publiques de l'administration locale en utilisant deux perspectives d'analyse.

simultanément. Ces analyses sont simultanément importantes pour garantir un nombre suffisant d'enseignants et gérer une distribution efficace et efficiente des enseignants.

AC □ NOWLEDGMENTS

Je (l'auteur) remercie les parties liées à Pati Regency. Premièrement, il s'agit du chef et du personnel de Bappeda qui ont fourni le financement nécessaire à la réalisation de l'étude. Deuxièmement, il s'agit du chef et du personnel du département de l'éducation qui ont aidé à fournir les données de l'étude. Troisièmement, il s'agit du chef et du personnel du bureau de la recherche et du développement ainsi que d'autres parties qui ont contribué à la réalisation de l'étude.

RÉFÉRENCES

EI. (2009). L'éducation pour tous en 2015 : *Réponse de l'Internationale de l'Education au Rapport mondial de suivi 2008.* Bruxelles : Internationale de l'Education.

Hamzah, Nur. (2009). Pendidikan dan Tenaga Kependidikan. *Jurnal MEDTEK.* Volume 1, Nomor 2, Pp 1-10.

Handini, O & Widyaningrum R. 2016. Kontribusi Pedagogik dan Kompetensi Profesional Guru terhadap Manajemen Kelas. *Jurnal Profesi Pendidik.* Volime 3, Nomor 1, Pp 36-43.

Kemdiknas. (2011). *Surat Keputusan Bersama (SKB) oleh lima menteri yaitu Menteri Pendidikan Nasional, Menteri Negara Pendayagunaan Aparatur Negara dan Reformasi Birokrasi, Menteri Dalam Negeri, Menteri Keuangan, dan Menteri Agama dengan Nomor : 05/x/pb/2011,spb/03/m.pan-rb/10/2011,48 tahun2011,158/ pmk. 01/2011, 11 tahun 2011 tahun 2011 tentang penataan dan pemerataan guru Pegawai Negeri Sipil.* Jakarta : Kemdiknas.

Kiprono, FJ, Mary Nganga et Dr Joyce Kanyiri. (2015). Une évaluation de la capacité des School Management Commitees dans la mise en œuvre des fonds FPE dans les écoles primaires publiques : Une enquête sur le district d'Eldoret East, Kenya. *International Journal of Education and Research Vol. 3 No. p.243.*

Nugroho, Riant. (2006). *Kebijakan Publik Untuk Negara-Negara Berkembang.* Jakarta : Gramedia.

Peraturan Pemerintah. (2008). *Peraturan Pemerintah Nomor 47 Tahun 2008 tentang Wajib Belajar.* Lembaran Negara Tahun 2008 No. 90. Jakarta : Kemenkum dan HAM.

Permendiknas. (2007). *Peraturan Menteri Pendidikan Nasional Nomor 41 Tahun 2007 tentang Standar Proses untuk Satuan Pendidikan Dasar dan Menengah.* Jakarta : Kemenkum dan HAM.

Permendiknas. (2009). *Peraturan Menteri Pendidikan Nasional Nomor 39 Tahun 2009 tentang Pemenuhan Beban Kerja Guru dan Pengawas Satuan Pendidikan.* Jakarta : Biro Hukum dan Organisasi, Kemdiknas.

Suparlan. (2006). *Guru Sebagai Profesi.* Yogyakarta : Hikayat Publishing

Syamsuri, I. (2010). *Peningkatan Kompetensi Guru untuk Meningkatkan Minat Siswa pada Bidang MIPA.* Non publié, Makalah dalam Lokakarya MIPAnet 26-27 Juli 2010. Bogor : IPB.

Udang-Undang. (2003). *UU Nomor 20 Tahun 2003 Tentang Sistem Pendidikan Nasional.* Jakarta:Penerbit Sinar Grafika.

Udang-Undang. (2005). *UU Nomor 14 Tahun 2005 Tentang Guru dan Dosen.* Jakarta : Menkum HAM, Lembaran Negara RI Tahun 2005 Nomor 157.

UNESCO. (2012). *Démêler l'aide dans les budgets de l'éducation nationale.* Document de référence du Rapport mondial de suivi sur l'EPT. Paris : UNESCO.

UNESCO. (2013). *La scolarisation de millions d'enfants mise en péril par la réduction de l'aide.* Rapport de suivi mondial Document d'orientation 9. Paris : UNESCO.

UNESCO. (2014). Stratégie pour l'éducation 2014-2021. Paris : UNESCO

UNESCO. (2014). *Rapport mondial de suivi sur l'éducation pour tous 2013.* Paris : l'Organisation des Nations unies pour l'éducation, la science et la culture.

Widiarsa, I.G.P., Marhaeni, A. et Sutama, I.M. 2013. Kontribusi Kompetensi Paedagogik dan Kompetensi Profesional terhadap Manajemen Kelas. *E-journal Pasca Undiksa.* Volume 3, Nomor 1, Pp 1-11.

LA PLANIFICATION DES POLITIQUES DANS LE CHOIX DU SITE LE PLUS APPROPRIÉ POUR LA GARE ROUTIÈRE DU DÉVELOPPEMENT URBAIN

SUROSO[3]

The Board of Regional Development Planning
Pati Regency, Central Java, Indonesia
Email : surosopati321@gmail.com

RÉSUMÉ

La sélection d'un site pour toute utilisation particulière, y compris la planification du développement d'une gare routière, nécessite des moyens appropriés pour traiter les multiples facteurs. Cet article développe un cadre pour l'analyse de l'adéquation des terrains qui incorpore une série de facteurs pour trouver la zone la plus appropriée pour le développement d'une station de bus. Le processus de hiérarchie analytique permet de fournir des moyens de traiter les multiples facteurs de décision. Les préférences des décideurs sur une série de facteurs de localisation sont utilisées pour déterminer le poids de chaque facteur de localisation. Parallèlement, l'évaluation de la capacité de charge de chaque zone alternative pour le développement de la station de bus est utilisée pour déterminer la priorité de la zone. Les résultats sont des indices se référant à la priorité des zones alternatives. Plus l'indice composite de la zone est élevé, plus la priorité de la zone pour l'utilisation des sols prévue est élevée. Par conséquent, la zone présentant l'indice composite le plus élevé doit être sélectionnée pour l'aménagement de la station de bus.

Mots clés : Développement d'une station de bus, adéquation du terrain et processus de hiérarchie analytique.

INTRODUCTION

La gare routière joue un rôle central dans le système de transport pour soutenir l'activité urbaine. La gare routière actuelle de Pati Regency, dans la province centrale de Java, en Indonésie, joue un rôle inefficace. Elle doit être déplacée pour soutenir la croissance urbaine de Pati Regency. Il y a 4 zones alternatives qui sont préparées pour le déplacement de la station de bus. Premièrement, il s'agit de la zone de Sukokulon, qui est située dans la partie ouest de la ville de Pati. Deuxièmement, c'est la zone de Langenharjo, située dans la partie sud de la ville. Troisièmement, c'est la zone de Mustokoharjo, située dans la partie sud-est de la ville. Quatrièmement, il s'agit de la zone de Widorokandang, qui est située dans la partie orientale de la ville. Les quatre sites alternatifs devraient être sélectionnés pour la gare routière, ce qui peut soutenir de manière optimale la croissance urbaine de Pati Regency. La sélection du site pour le développement de la gare routière nécessite des moyens appropriés pour gérer les multiples facteurs de durabilité.

Le processus de décision dans le choix du site d'une installation publique comprend l'identification, l'analyse, l'évaluation et la sélection parmi des zones alternatives. La gare routière est une installation typique qui doit être située dans la zone la plus appropriée. Une décision de sélection de site est prise pour trouver le "meilleur" site. La question est de savoir quelle est la meilleure zone pour le développement d'une gare routière. La sélection de la zone la plus appropriée nécessite une analyse de l'adéquation du terrain.

---

[3] Chercheur au Conseil de la planification du développement régional, Pati Regency.

Cet article développe un cadre pour l'analyse de l'adéquation des terrains en utilisant le processus de hiérarchie analytique (AHP), qui incorpore une série de facteurs pour trouver la zone la plus appropriée pour la planification du développement de la gare routière dans la zone d'étude.

REVUE DE LA LITTÉRATURE

Il existe trois concepts principaux qui traitent du sujet en question. Il s'agit des concepts de développement des gares routières, de l'analyse de l'adéquation des terrains et du processus de hiérarchie analytique (AHP).

Développement de la gare routière

Une gare routière est une installation de transport terrestre destinée à l'embarquement et au débarquement des passagers, au transit des modes de transport inter et intra, ainsi qu'à la gestion des arrivées et des départs des transports publics. Le choix du site d'une gare routière tient généralement compte de l'adéquation du terrain et des idées des parties prenantes. La planification du développement d'une gare routière est un processus coopératif conçu pour favoriser l'implication des parties prenantes telles que le ministère des Transports de l'État, le monde des affaires, les groupes communautaires, les organisations environnementales et les usagers des transports publics.

La sélection du site d'une gare routière orientée vers le développement durable doit intégrer les aspects économiques, sociaux et environnementaux. Le développement durable est un développement qui fournit des services environnementaux, économiques et sociaux de base à tous sans menacer la viabilité des systèmes dont dépendent ces services [1]. La sélection de l'emplacement le plus approprié pour la gare routière en améliorant le développement durable est très importante pour la planification du développement urbain.

La sélection d'une zone pour l'aménagement d'une gare routière est déterminée par le public.
système de services dans la ville. Il existe deux modèles de développement des gares routières. Ils sont les suivants :

sont (a) le modèle de terminus à proximité et (b) le modèle de terminus central [2]. Le modèle de terminus à proximité est le modèle qui consiste à développer un certain nombre de stations de bus à proximité de la ville. Le bus transprovincial et le bus transrégional sont terminés dans la station de bus près de la ville. Ensuite, le transport en ville est desservi par des minibus. D'autre part, le modèle de terminus central consiste à développer une station de bus intégrée au milieu de la ville. Les deux modèles de gare routière (terminus) sont illustrés dans les figures suivantes.

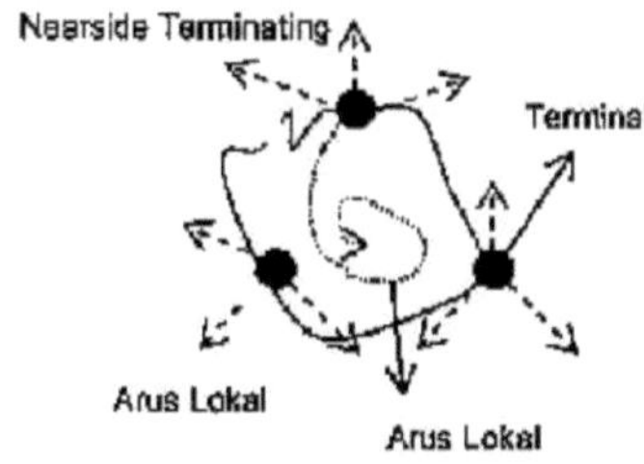

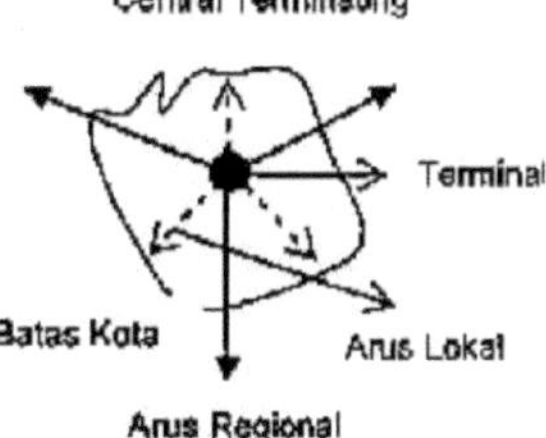

Figure1. Terminaison du côté procheFigure   2. Terminaison centrale

Analyse de l'adéquation des terres

Le développement de la planification urbaine implique des décisions relatives à l'utilisation des sols afin d'accueillir les activités futures dans une zone urbaine. Ces décisions d'utilisation du sol doivent être très judicieuses afin d'être durables. Dans ce cas, l'adéquation du terrain est très importante pour le développement d'une gare routière. L'analyse de l'adéquation des sols est une procédure permettant de cartographier les variations de l'adéquation relative à une utilisation particulière des sols dans l'ensemble d'une juridiction ou d'une zone de planification [3]. L'analyse de l'adéquation du terrain à une station de bus est une procédure qui permet de cartographier les variations de l'adéquation relative à l'utilisation du terrain pour la station de bus sur l'ensemble d'une juridiction ou d'une zone de planification. Les résultats de l'analyse de l'adéquation des sols servent de base à la formulation et à l'évaluation des plans d'aménagement du territoire.

L'analyse de l'adéquation du terrain pour la gare routière, qui est orientée vers le développement durable, doit prendre en compte les aspects économiques, sociaux et environnementaux. En ce qui concerne l'aspect économique, la sélection d'une zone pour le développement d'une gare routière doit tenir compte de l'investissement (prix du terrain), du revenu potentiel, de l'efficacité du transport transprovincial, de l'efficacité du transport transrégional et de l'efficacité du transport en centre-ville.

En ce qui concerne l'environnement, une zone pour le développement d'une gare routière doit prêter attention aux risques d'inondation, à un système de drainage naturel, aux risques de tremblement de terre, aux eaux souterraines, aux espaces verts et à l'existence d'une large zone appropriée. En ce qui concerne les aspects sociaux, le développement de la gare routière doit tenir compte des impacts sociaux, de la condamnation, de la congestion et de la facilité d'accès. C'est la manière de sélectionner le site pour le développement de la gare routière qui est orientée vers le développement durable en tenant compte des aspects économiques, sociaux et environnementaux dans l'analyse de l'adéquation du terrain.

Plusieurs techniques sont probablement utilisées pour effectuer l'analyse de l'adéquation des terrains, mais la plupart de ces multicritères ne sont pas hiérarchiques [4]. Par conséquent, une structure hiérarchique de prise de décision est essentielle pour la sélection du site de développement d'une station de bus et le processus de hiérarchie analytique (AHP) peut fournir un tel cadre.

Le processus de hiérarchie analytique

Le processus de hiérarchie analytique (AHP) est une méthode de décision multicritères qui utilise des structures hiérarchiques pour représenter un problème, puis élabore des priorités pour les alternatives en fonction des critères. Le processus de hiérarchie analytique (AHP) a été proposé dans la littérature récente comme une approche de solution émergente pour les problèmes de prise de décision multicritères importants, dynamiques et complexes du monde réel [5]. Des applications récentes et réussies de l'AHP ont été signalées dans les domaines de l'éducation, de la politique publique, de l'économie, de la médecine et du sport [6]. L'AHP a été appliqué dans une variété de formats tels que : l'outil de conception pour les systèmes à grande échelle ou les échelles de rapport composite [7], l'instrument de comparaison par paire dans l'application des réseaux neuronaux artificiels [8], ou la structure primaire des systèmes d'aide à la décision [9]. En tant que méthodologie pratique, l'approche AHP a été utilisée pour déterminer les poids du but et de la fonction objectif dans une formulation LP de but [10], pour examiner le vecteur de pondération dans le cadre de référence et la direction de référence de recherche dans un système interactif visuel [11], et pour identifier le coefficient objectif et les valeurs des paramètres dans les problèmes LP à objectifs multiples [12].

Dans l'utilisation de l'AHP, on construit essentiellement une hiérarchie composée d'un objectif, de critères et d'alternatives, puis on émet des jugements sur des paires d'éléments par rapport aux critères sélectionnés. Les échelles de rapport sont dérivées de ces jugements et ensuite synthétisées dans toute la structure pour sélectionner la meilleure alternative [13]. En d'autres termes, l'utilisation de l'AHP comporte trois étapes de base : (1) la décomposition ; (2) le jugement comparatif ; et (3) la synthèse de la priorité.

Décomposition dans la structuration de la hiérarchie. Structurez la hiérarchie en partant du sommet avec le but de la décision, puis les objectifs dans une perspective large, en passant par les niveaux intermédiaires (critères dont dépendent les éléments suivants) jusqu'au niveau le plus bas (qui est généralement un ensemble d'alternatives). La structuration de la hiérarchie de l'AHP dans le cas de la sélection d'un site pour le développement d'une gare routière, qui tient compte des aspects économiques, sociaux et environnementaux avec quatre sites alternatifs, peut être illustrée dans l'image suivante.

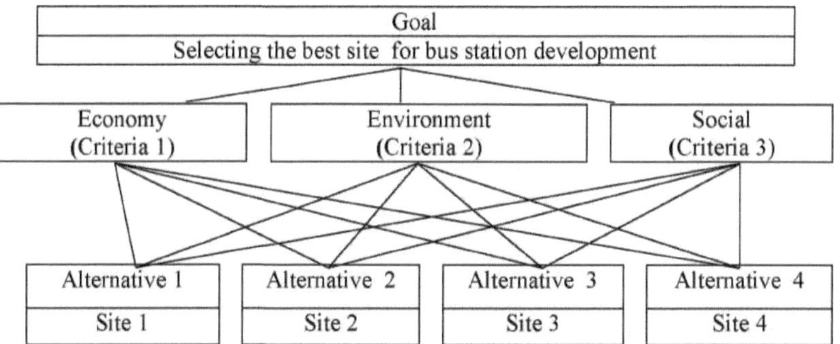

Figure 3. La structure hiérarchique de l'AHP pour le développement des stations de bus *Jugement comparatif*. Les éléments de chaque niveau sont comparés par paires en ce qui concerne leur importance pour un élément du niveau supérieur suivant, en commençant par le haut de la hiérarchie et en descendant. Un certain nombre de matrices carrées appelées matrices de préférence sont créées dans le processus de comparaison des éléments à un niveau donné ; les jugements de préférence qui sont faits sur les paires d'éléments dans la structure en utilisant "l'échelle fondamentale d'AHP" [14]. Lorsqu'il y a quatre sites alternatifs, les matrices carrées peuvent être appelées matrices $A_{4 \times 4}$. Les matrices avec quatre sites/zones (A_1, A_2, A_3 et A_4) à comparer peuvent être décrites comme suit :

	Ai	A2	A3	A4
Ai	Ai/ Ai	Ai/ A2	Ai/ A3	Ai/ A4
A2	A2/ Ai	A2/ A2	A2/ A3	A2/ A4
A3	A3/ Ai	A3/ A2	A3/ A3	A3/ A4
A4	A4/ Ai	A4/ A2	A4/ A3	A4/ A4

=

	Ai	A2	A3	A4
Ai	1	W12	W13	W14
A2	W21	1	W23	W24
A3	W31	W32	1	W34
A4	W41	W42	W43	1

La matrice A4x4 est une matrice réciproque à 4 éléments. L'échelle de rapport A1/ A1 égal à 1. L'échelle de rapport A1/ A2 est égale au poids (W12). L'échelle de rapport A1/ A3 est égale au poids (W13). L'échelle de rapport A4/ A4 est égale au poids (W44 = 1). L'échelle de rapport est une comparaison en fonction de leur importance pour un élément du niveau supérieur, en commençant par le sommet de la hiérarchie et en descendant. L'échelle de rapport ou la comparaison utilise des nombres absolus. Regardez le tableau suivant.

Tableau1. L'échelle fondamentale des nombres absolus

Intensité de Importance	Définition	Explication
i	Importance égale	Deux activités contribuent de manière égale à l'objectif
2	Faible ou léger	
3	Importance modérée	L'expérience et le jugement favorisent légèrement une activité plutôt qu'une autre
4	Modéré plus	
5	Une importance capitale	L'expérience et le jugement favorisent fortement une activité plutôt qu'une autre
6	Un atout majeur	
7	Très forte ou	Une activité est très fortement favorisée par rapport à
	importance démontrée	un autre ; sa domination démontrée dans la pratique
8	Très, très fort	
9	Importance extrême	Les preuves en faveur d'une activité plutôt qu'une autre sont de la plus haute importance possible.

L'échelle dérivée de ces nombres absolus est une échelle de rapport. L'échelle fondamentale L'échelle utilisée dans l'AHP permet aux décideurs (parties prenantes) d'intégrer l'expérience et les connaissances d'une manière intuitive et naturelle.

Synthétiser. Après avoir formé les matrices de préférences, le processus passe à l'étape suivante qui consiste à dériver les poids relatifs des différents éléments. Les poids relatifs des éléments de chaque niveau par rapport à un élément du niveau supérieur suivant sont calculés comme les composantes du *vecteur propre* normalisé associé à la plus grande *valeur propre* de leurs matrices de comparaison. Les poids composites des alternatives de décision sont déterminés en agrégeant les valeurs.

MÉTHODOLOGIE

Cette recherche utilise une approche quantitative. L'objectif de la recherche est de sélectionner le site le plus approprié pour le développement d'une station de bus. Cette recherche est menée à Pati Regency, dans la province centrale de Java, en Indonésie. Les sites alternatifs à sélectionner pour le développement d'une station de bus dans l'étude sont : (1) Sukokulon ; (2) Langenharjo ; (3) Mustokoharjo ; et (4) Widorokandang.

Les critères pour le développement des gares routières consistent en des aspects économiques, environnementaux et sociaux. En ce qui concerne les aspects économiques, les critères comprennent la macroéconomie, à savoir le prix du terrain (investissement) et le revenu potentiel, et la microéconomie, à savoir l'efficacité des bus transprovinciaux, l'efficacité des bus transrégionaux et l'efficacité des transports urbains. En ce qui concerne les aspects environnementaux, les critères comprennent le facteur topographique, à savoir le risque d'inondation, le système de drainage naturel et le risque de tremblement de terre, ainsi que la durabilité, à savoir une zone étendue appropriée, des eaux souterraines et des espaces verts. En ce qui concerne les aspects sociaux, les critères incluent le confort social (congestion, accès et sécurité) et le risque social (condamnation et impacts sur les services sociaux). Les facteurs / critères multiples sélectionnés pour la prise de décision du développement de la gare routière dans l'étude sont présentés dans la structure hiérarchique suivante.

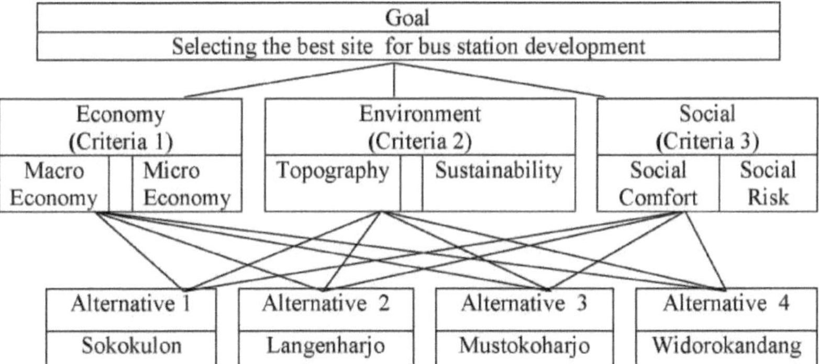

Figure 4. La structure hiérarchique de la sélection d'une zone pour le développement d'une gare routière

La collecte des données dans cette recherche est effectuée en utilisant le brainstorming, les entretiens et les enquêtes. Le brainstorming des parties prenantes vise à déterminer le poids des facteurs de localisation. Les parties prenantes sont des fonctionnaires, des utilisateurs des transports, des fournisseurs de services de transport et des planificateurs. Les données relatives à la priorité du site sont ensuite obtenues à partir d'observations sur le terrain et d'entretiens avec les informateurs et les responsables.

L'analyse de la recherche utilise le processus de hiérarchie analytique. Premièrement, il s'agit de l'analyse de la pondération des préférences des parties prenantes en fonction des critères sélectionnés. Deuxièmement, il s'agit de l'analyse de la priorité du site par rapport à la capacité de charge du site pour le développement de la gare routière. Troisièmement, il s'agit de l'analyse de l'évaluation de la priorité des sites alternatifs. Il s'agit de synthétiser la priorité des sites alternatifs dans toute la structure pour sélectionner le meilleur site alternatif.

LES RÉSULTATS DU RÉSULTAT : APPLICATION DU PROCESSUS DE HIÉRARCHIE ANALYTIQUE POUR LA PLANIFICATION DU DÉVELOPPEMENT DES STATIONS DE BUS

La pondération de plusieurs critères en fonction des préférences des parties prenantes

La détermination de la pondération de plusieurs facteurs (critères) est obtenue à partir d'un brainstorming de quarante personnes des parties prenantes. Il s'agit de fonctionnaires, d'usagers des transports, de fournisseurs de services de transport et de planificateurs. Il leur est demandé de donner leur avis sur l'intensité de l'importance de chaque facteur de localisation pour le développement des gares routières. Lorsqu'on demande à quarante personnes de donner leur avis sur l'importance de 38

(intensité de l'importance) pour l'économie, l'environnement et le social, les scores sont de 1480 pour l'économie, 1280 pour l'environnement et 1240 pour le social. Le score total des trois facteurs est de 4000. Les pondérations normalisées sont donc de 0,3700 pour l'économie, dérivée de (1480 / 4000), 0,3200 pour l'environnement, dérivée de (1280 / 4000) et 0,3100 pour le social, dérivée de (1240 / 4000). Les autres critères, en commençant par le haut de la hiérarchie et en descendant, sont comparés de la même manière. En bref, les résultats du brainstorming obtenu auprès de quarante personnes des parties prenantes sont présentés dans le tableau suivant.

Tableau 2, La pondération concernant les multiples critères de développement des gares routières

Critères principaux (Wi)	Économie 1480 (0.3700)	Environnement 1280 (0.3200)	Social 1240 (0.3100)	Préférence Poids
Critères intermédiaires (Wii)	Macro Micro 0.4850 0.5150	Topogr. Sustain 0.45880 .5412	Risque de confort 0.5125 0.4875	(Pi) = Wi.Wii.Wij
Macro Eco.	(Wij)			
investissement	0.4250			0.0763
revenu	0.5750			0.1032
Micro Eco.	(Wij)			
Bus inter Prov	0.3138			0.0598
Bus Inter Reg.	0.3325			0.0634
Intra ville Tranp	0.3537			0.0674
Topographie		(Wij)		
Inondations		0.3697		0.0543
Drainage		0.3458		0.0508
Risque de tremblement de terre		0.2845		0.0418
Durabilité		(Wij)		
Eaux souterraines		0.3138		0.0543
Surface disponible		0.3338		0.0578
Espace vert		0.3524		0.0610
Confort social			(Wij)	
Congestion			0.3188	0.0506
Accès principal			0.3987	0.0633
Sécurité			0.2825	0.0449
Risque social			(Wij)	
Condamnation			0.4700	0.0710
Impacts sociaux			0.5300	0.0801

L'économie, l'environnement et le social, en tant que critères principaux, reçoivent un code (Wi) pour la pondération. Ensuite, le poids des critères intermédiaires tels que la macroéconomie et la microéconomie est codé (Wii) et le poids des sous-critères tels que l'investissement et le revenu est codé (Wij). Le poids des préférences des parties prenantes (Pi) est alors égal à (Wi.Wii.Wij). Le poids des préférences (Pi) de l'investissement (prix du terrain) est de 0,0763, dérivé de (0,3700 x 0,4850 x 0,4250). Le poids préférentiel (Pi) de l'eau souterraine est de 0,0543, dérivé de (0,3200 x 0,5412 x 0,3138). Le poids préférentiel (Pi) des autres critères est calculé de la même manière.

Sites alternatifs pour la planification du développement de la gare routière

Il y a 4 sites alternatifs qui sont préparés pour la planification du développement de la station de bus dans l'étude. Premièrement, il s'agit du site de Sukokulon qui est situé dans la partie ouest de la ville de Pati. Deuxièmement, c'est le site de Langenharjo qui est situé dans la partie sud de la ville de Pati. Troisièmement, il s'agit du site de Mustokoharjo, situé dans la partie sud-est de la ville de Pati.

Quatrièmement, il s'agit du site de Widorokandang, situé dans la partie orientale de la ville de Pati. Les quatre sites alternatifs devraient être sélectionnés pour le développement de la gare routière, qui sont capables de soutenir de manière optimale la croissance urbaine de Pati Regency. Les zones alternatives sont décrites dans les images suivantes.

Figure 5. Sites alternatifs pour le développement de la gare routière à Pati Regency

Analyse de la priorité du site

Il existe 4 sites alternatifs pour le développement de la gare routière dans la régence de Pati, à savoir : (1) Sukokulon ; (2) Langenharjo ; (3) Mustokoharjo ; et (4) Widorokandang. Ces quatre sites sont comparés en termes de facteurs multiples. Les données sur la capacité de charge de chaque site (zone) sont obtenues à partir d'observations sur le terrain et d'entretiens avec des informateurs et des fonctionnaires. La comparaison des sites est généralement appelée "comparaison par paire". Ces quatre sites alternatifs sont comparés en fonction des 16 critères sélectionnés, à savoir : (1) investissement (prix du terrain) ; (2) revenu ; (3) transport par bus dans la province ; (4) transport par bus dans la région ; (5) transport dans le centre-ville ; (6) risque d'inondation ; (7) risque de tremblement de terre ; (8) système de drainage naturel ; (9) eaux souterraines ; (10) disponibilité d'une large zone appropriée ; (11) espace vert ; (12) congestion ; (13) accès ; (14) sécurité ; (15) condamnation ; et (16) impact sur les services sociaux comme les services de santé et d'éducation.

La priorité pour chaque critère des sites alternatifs doit être calculée un par un. Tout d'abord, les données descriptives des quatre sites alternatifs doivent être collectées. Ensuite, les données descriptives doivent être converties en valeurs d'adéquation des terrains en utilisant des nombres absolus (1 à 9). En ce qui concerne le critère du prix du terrain (investissement), par exemple, lorsque les quatre sites sont comparés, le résultat est que le prix du terrain le moins cher est à Widorokandang, suivi par Mustokoharjo, puis Sukokulon et le prix du terrain le plus cher est à Langenharjo. Dans ce cas, le prix du terrain le moins cher a plus de valeur en comparaison. Les données descriptives sont finalement transformées en valeurs en utilisant des nombres absolus (1 à 9). Plus le prix du terrain est bas, plus la valeur d'adéquation du terrain est élevée. Les valeurs sont de 9 pour le prix du terrain à Widorokandang, 7 pour le prix du terrain à Mustokoharjo, 3 pour le prix du terrain à Sokokulon et 1 pour le prix du terrain à Langenharjo.

En ce qui concerne le critère du risque d'inondation, lorsque les quatre sites sont comparés, le résultat est que Sokokulon est la meilleure zone, elle a le moins de risque d'inondation. Le deuxième meilleur site est la zone de Mustokoharjo. Il est ensuite suivi par le site de Langenharjo et le pire site en termes de risque d'inondation est la zone de Widorokandang. Dans ce cas, moins le risque d'inondation est élevé, plus la valeur est élevée par rapport à l'adéquation des terres. Les données descriptives sont finalement transformées en valeurs en utilisant des nombres absolus (de 1 à 5).

9). Plus le risque d'inondation est faible, plus la valeur d'adéquation des terres est élevée. Les valeurs d'adéquation des terres par rapport au risque d'inondation sont de 7 pour Sukokulon, 5 pour Mustokoharjo, 3 pour Langenharjo et 1 pour Widorokandang.

En ce qui concerne le critère de l'espace vert, lorsque les quatre sites sont comparés, le résultat est que Sokokulon est le pire site pour l'espace vert. Le site de Langenharjo est assez bon pour les espaces verts. Le meilleur site est celui de Mustokoharjo pour les espaces verts. Ensuite, le site de Widorokandang est relativement limité. Dans ce cas, le meilleur espace vert potentiel a plus de valeur dans la comparaison de l'adéquation du terrain pour le développement de la gare routière. Les données descriptives sont finalement transformées en valeurs en utilisant des chiffres absolus (1 à 9). Plus l'espace vert potentiel est important, plus il a de valeur pour la comparaison. Les valeurs d'adéquation des terrains par rapport aux espaces verts sont de 1 pour Sukokulon, 6 pour Langenharjo, 8 pour Mustokoharjo et 3 pour Widorokandang.

Tous les facteurs de localisation (critères) doivent être calculés pour être comparés de manière similaire. En fonction des 16 critères (facteurs de localisation), les valeurs d'adéquation des terrains des quatre sites alternatifs de l'étude peuvent être présentées dans le tableau suivant.

Tableau 3, Valeurs d'adéquation du terrain des sites alternatifs pour le développement de la gare routière.

Facteurs de localisation	Valeurs de convenance des sites alternatifs			
	Suko kulon	Langen harjo	Mustoko harjo	Widoro kandang
Investissement (prix du terrain)	3	1	7	9
Revenu	7	3	1	6
Bus transprovincial	7	3	1	6
Bus de trans-régence	7	3	1	6
Transport dans le centre-ville	1	8	7	3
Inondations	7	3	5	1
Drainage	7	5	3	1
Risque de tremblement de terre	7	3	1	6
Eaux souterraines	7	5	3	1
Zone large disponible	3	1	7	5
Espace vert	1	6	8	3
Congestion	1	6	8	3
Accès	7	3	1	6
Sécurité	7	3	1	6
Condamnation	5	1	7	3
Impact social	1	7	8	3

Lorsque le prix du terrain (investissement) des quatre sites est comparé, le résultat est que les valeurs sont de 9 pour le prix du terrain (investissement) à Widorokandang, 7 pour le prix du terrain à Mustokoharjo, 3 pour le prix du terrain à Sokokulon et 1 pour le prix du terrain à Langenharjo. Les échelles de rapport dérivées des nombres absolus sont présentées dans les matrices suivantes.

Domaines	échelle	Suko kulon	Langen harjo	Mustoko harjo	Widoro kandang
		3	1	7	9
Sukokulon	3	1	3	¾	1/3
Langenharjo	1	1/8	1	1/7	¼
Mustoko harjo	7	7/3	7	1	¾
Widorokandang	9	3	9	¼	1

La valeur (1/3) de la colonne 3 et de la ligne 4 est une échelle de rapport entre 1 à Langenharjo et 3 à Sukokulon. La valeur (9) de la colonne 4 et de la ligne 6 est une échelle de rapport entre 9 à Widorokandang et 1 à Langenharjo. Les autres valeurs de ratio sont obtenues de manière similaire par rapport à la ligne et à la colonne. Les échelles de rapport issues de la comparaison par paire ci-dessus peuvent être converties en nombres décimaux comme dans les matrices suivantes.

	Sukokulon	Langenharjo	Mustokoharjo	Widorokandang
Sukokulon	1.0000	3.0000	0.4286	0.3333
Langenharjo	0.3333	1.0000	0.1429	0.1111
Mustokoharjo	2.3333	7.0000	1.0000	0.7778
Widorokandang	3.0000	9.0000	1.2857	1.0000
Total	6.6666	20.0000	2.8571	2.2222

L'étape suivante consiste à convertir la comparaison par paire en décimales en valeurs normalisées en divisant chaque score par le score total comme dans les matrices suivantes.

	Sukokulon	Langenharjo	Mustokoharjo	Widorokandang
Sukokulon	0.1500	0.1500	0.1500	0.1500
Langenharjo	0.0500	0.0500	0.0500	0.0500
Mustokoharjo	0.3500	0.3500	0.3500	0.3500
Widorokandang	0.4500	0.4500	0.4500	0.4500
Total	1.0000	1.0000	1.0000	1.0000

La valeur normalisée 0,1500 dans la colonne 2 et la ligne 2 est dérivée de (1,0000 / 6,6666). Ensuite, la valeur normalisée 0,4500 dans la colonne 4 et la ligne 5 est dérivée de (1,2857 / 2,8571). Les autres valeurs normalisées sont calculées de la même manière, chaque score est divisé par le score total de la colonne correspondante. Sur la base de la comparaison par paire ci-dessus, la priorité de chaque emplacement est déterminée par les matrices suivantes.

	Suko kulon	Langen harjo	Mustoko harjo	Widoro kandang	Priorité
Sukokulon	0.1500	0.1500	0.1500	0.1500	0.1500
Langenharjo	0.0500	0.0500	0.0500	0.0500	0.0500
Mustokoharjo	0.3500	0.3500	0.3500	0.3500	0.3500
Widorokandang	0.4500	0.4500	0.4500	0.4500	0.4500
Total	1.0000	1.0000	1.0000	1.0000	1.0000

La priorité dans les critères d'investissement (prix du terrain) pour la station de bus peut être déterminée à partir des valeurs moyennes des lignes de la comparaison par paire. En fonction du prix du terrain, la zone prioritaire peut être organisée comme suit :

1	Widorokandang0	.4500
2	Mustokoharjo0	.3500
3	Sukokulon0	.1500
4	Langenharjo0	.0500

La priorité pour chaque facteur de localisation (critère) de quatre zones (sites) doit être la suivante

calculées une par une. Lorsque la priorité de quatre zones (sites) est codée Aij1, Aij2, Aij3 et Aij4, toutes les priorités de chaque site doivent être organisées complètement. Sur la base des valeurs d'adéquation du terrain mentionnées précédemment dans le tableau 3, la priorité de chaque zone alternative (sites alternatifs) par rapport aux 16 critères (facteurs de localisation) pour le développement de la gare routière dans cette étude est présentée dans le tableau suivant.

Tableau 4. Zones alternatives prioritaires pour l'aménagement de stations de bus

Facteur	Suko kulon Aij1	Langen harjo Aij2	Mustoko harjo Aij3	Widoro kandang Aij4	Priorité normalisée
Investissement (prix du terrain)	0.1500	0.0500	0.3500	0.4500	1.0000
Revenu	0.4118	0.1765	0.0588	0.3529	1.0000
Bus transprovincial	0.4118	0.1765	0.0588	0.3529	1.0000
Bus de trans-régence	0.4118	0.1765	0.0588	0.3529	1.0000
Transport dans le centre-ville	0.0526	0.4211	0.3684	0.1579	1.0000
Inondations	0.4375	0.1875	0.3125	0.0625	1.0000
Drainage	0.4375	0.3125	0.1875	0.0625	1.0000
Risque de tremblement de terre	0.4118	0.1765	0.0588	0.3529	1.0000
Eaux souterraines	0.4375	0.3125	0.1875	0.0625	1.0000
Zone large disponible	0.1875	0.0625	0.4375	0.3125	1.0000
Espace vert	0.0526	0.3684	0.4211	0.1579	1.0000
Congestion	0.0556	0.3333	0.4444	0.1667	1.0000
Accès	0.4118	0.1765	0.0588	0.3529	1.0000
Sécurité	0.4118	0.1765	0.0588	0.3529	1.0000
Condamnation	0.3125	0.0627	0.4373	0.1875	1.0000
Impact social	0.0526	0.3684	0.4211	0.1579	1.0000

Synthèse de la priorité du site pour le développement des gares routières

La priorité du site est le classement des zones alternatives obtenu à partir des valeurs cumulées. Chaque valeur relative à un critère dans chaque zone alternative est obtenue en multipliant le poids des préférences des parties prenantes (Pi) dans le tableau 2 et la priorité du site (Aij) dans le tableau 4. En ce qui concerne l'investissement (prix du terrain), par exemple, le poids des préférences des parties prenantes (Pi) est de 0,0763. La priorité du site de Sokokulon étant de 0,1500, la valeur de la priorité relative à l'investissement (prix du terrain) à Sokokulon est de 0,0114, qui est dérivée de (0,0763 x 0,1500). Au même critère (investissement), Langenharjo a la priorité (0,0500) donc la valeur est de 0,0038 qui est dérivée de (0,0763 x 0,0500). Mustokoharjo a la priorité (0,3500), la valeur est donc de 0,0267, dérivée de (0,0763 x 0,3500). Widorokandang a la priorité (0,4500), la valeur est donc de 0,0343, dérivée de (0,0763 x 0,4500). En résumé, la valeur de priorité pour chaque facteur de localisation est obtenue en multipliant le poids des préférences des parties prenantes (Pi) et la priorité du site (Aij).

Lorsque les valeurs de priorité de tous les facteurs de localisation ont été entièrement calculées, il convient de synthétiser les valeurs de priorité pour déterminer le classement de chaque site. Dans

En d'autres termes, la synthèse de la priorité du site pour le développement de la station de bus est obtenue à partir des valeurs d'accumulation (£ Pi . Aij). Regardez le tableau suivant.

Tabel 5. Classement par ordre de priorité des zones alternatives pour le développement de la gare routière

Facteurs / Critères	Poids de la préférence Pi	Sukokulon (Zone 1)		Langenharjo (Zone 2)		Mustokoharjo (Zone 3)		Widorokandang (Zone 4)	
		Précédent Aij1	Valeur Pi x Aij1	Précédent Aij2	Valeur Pi x Aij2	Précédent Aij3	Valeur Pi x Aij3	Précédent Aij4	Valeur Pi x Aij3
Investissement	0.0763	0.1500	0.0114	0.0500	0.0038	0.3500	0.0267	0.4500	0.0343
Revenu	0.1032	0.4118	0.0425	0.1765	0.0182	0.0588	0.0061	0.3529	0.0364
Bus trans-prov.	0.0598	0.4118	0.0246	0.1765	0.0106	0.0588	0.0035	0.3529	0.0211
Bus trans-reg.	0.0634	0.4118	0.0261	0.1765	0.0112	0.0588	0.0037	0.3529	0.0224
Transport urbain	0.0674	0.0526	0.0035	0.4211	0.0284	0.3684	0.0248	0.1579	0.0106
Inondations	0.0543	0.4375	0.0238	0.1875	0.0102	0.3125	0.0170	0.0625	0.0034
Drainage	0.0508	0.4375	0.0222	0.3125	0.0159	0.1875	0.0095	0.0625	0.0032
Risque de tremblement de terre	0.0418	0.4118	0.0172	0.1765	0.0074	0.0588	0.0025	0.3529	0.0148
Eaux souterraines	0.0543	0.4375	0.0238	0.3125	0.0170	0.1875	0.0102	0.0625	0.0034
Surface disponible	0.0578	0.1875	0.0108	0.0625	0.0036	0.4375	0.0253	0.3125	0.0181
Espace vert	0.0610	0.0526	0.0032	0.3684	0.0225	0.4211	0.0257	0.1579	0.0096
Congestion	0.0506	0.0556	0.0028	0.3333	0.0169	0.4444	0.0225	0.1667	0.0084
Accès	0.0633	0.4118	0.0261	0.1765	0.0112	0.0588	0.0037	0.3529	0.0223
sécurité	0.0449	0.4118	0.0185	0.1765	0.0079	0.0588	0.0026	0.3529	0.0158
Condamnation	0.0710	0.3125	0.0222	0.0627	0.0045	0.4373	0.0310	0.1875	0.0133
Impact social	0.0801	0.0526	0.0042	0.3684	0.0295	0.4211	0.0337	0.1579	0.0126
Indice normalisé Priorité du site		0.2830		0.2186		0.2486		0.2499	
(%) Classement du site		28.30		21,86		24,86		24,99 $	
		Un		Quatre		Trois		Deux	

Le site de Sukokulon a la meilleure note (note 1) avec un indice normalisé (0.2830) égal à (28.30 %). Le deuxième classement est celui du site de Widorokandang avec un indice normalisé (0,2499) égal à (24,99 %). Le troisième est le site de Mustokoharjo avec un indice normalisé (0.2486) égal à (24.86 %). Le site le plus mauvais (classement quatre) est une zone à Langenharjo avec un indice normalisé (0.2186) qui est égal à (21.86 %).

CONCLUSION

La planification du développement des gares routières, orientée vers le développement durable, doit intégrer les aspects économiques, environnementaux et sociaux. Dans le cas de cette étude, il y a quelques résultats. Premièrement, le site 1 (Sukokulon) a un indice normalisé (0,2830) qui est égal à (28,30 %). C'est la zone la plus appropriée pour le développement de la gare routière dans la zone d'étude. Normalement, il devrait être sélectionné comme première priorité pour le développement de la station de bus. Deuxièmement, le site 2 (Langenharjo) a un indice normalisé (0.2186) qui est égal à (21.86 %). Il a la priorité la plus faible (la plus mauvaise), donc cette zone alternative ne devrait pas être sélectionnée pour le développement de la station de bus dans la zone d'étude.

Troisièmement, le site 3 (Mustokoharjo) a un indice normalisé (0.2486) qui est égal à (24.86 %). Il est moins approprié pour le développement d'une station de bus. Quatrièmement, le site 4 (Widorokandang) a un indice normalisé (0.2499) qui est égal à (24.99 %). C'est le deuxième meilleur choix pour le développement d'une station de bus lorsque le premier meilleur choix est difficile à obtenir le soutien des volontés politiques. Normalement, la zone ou le site ayant l'indice le plus élevé est le meilleur pour le développement. Cependant, la volonté politique interfère parfois pour certaines raisons et intérêts. De cette manière, si la première priorité ne peut être sélectionnée pour certaines raisons, le site qui a la deuxième meilleure priorité peut être choisi comme option alternative pour la planification du développement de la gare routière.

RÉFÉRENCES

1. PNUE. 1996. Guide de développement de l'Agenda 21 local. Kenya : Department of Information and Public Affairs.

2. Raharjo, Mujoko. 2005. Analisis Variabel Yang Mempengaruhi Kinerja Terminal Terboyo. Tesis. Semarang : Fakultuas Teknik, Undip.

3. Mohit, M.A. et Ali, M.M. 2006. Integrating GIS and AHP for Land Suitability Analysis for Urban Development in a Secondary City of Bangladesh, Jurnal Alam Bina, Vol 8, No.1, pp. 3-15.

4. Kaiser, E.J., Godschalk D.R. et Chapin F.S. Jr. 1995. Urban Land Use Planning. Urbana et Chicago : University of Illinois Press, pp.215-16.

5. Jiaqin Yang, J. et Lee,H. 1997. An AHP Decision Model for Facility Location Selection, *Facilities*, Volume 15, Number 9/10, pp. 241-254.

6. Saaty, T.L. 1990. How to Make a Decision : The Analytic Decision Process, *European Journal of Operational Research*, Vol. 48, pp. 9-26.

7. Weiss, E.N. et Rao, V.R. 1987. AHP Design Issues for Large-Scale Systems, *Decision Sciences*, Vol. 18 No. 1, pp. 43-57.

8. Sun, M., Stam, A. et Steuer, R.E. 1996. Solving Multiple Objective Programming Problems Using Feed - Forward Artificial Neural Networks : The Interactive FFANN Procedure, *Management Science*, Vol. 42 No. 6, pp. 835-49.

9. Tavana, M. et Banerjee, S. 1995. Strategic Assessment Model (SAM) : a Multiple Criteria Decision Support System for Evaluation of Strategic Alternatives, *Decision Science*, Vol. 26 No. 1, pp. 119-43.

10. Gass, S.I. 1986. A process for Determining Priorities and Weights for LargeScale Linear Goal Programmes, *Journal of Operations Research Society*, Vol. 37 No. 8, pp. 779-85.

11. Korhonen, P. 1987. The Specification of a Reference Direction Using the Analytic Hierarchy Process, *Mathematical Modelling*, Vol. 9 Nos. 3-5, pp. 361-8.

12. Korhonen, P. et Wallenius, J. 1990. Using Qualitative Data in Multiple Objective Linear Programming, *European Journal of Operational Research*, Vol. 48 No. 1, pp. 81-7.

13. Bahurmoz, A.M.A. 2006. The Analytic Hierarchy Process : A Methodology for Win-Win Management, *JKAU : Econ. & Adm.,* Vol. 20 No. 1, pp : 3-16.

14. Saaty, T.L. 2008. Decision Making With The Analytic Hierarchy Process, *Int. J. ServicesSciences*, Vol. 1, No. 1, pp.83-98.

Contenu